Research on Consistency Evaluation and Recombination Technology of Retired Power Batteries

退役动力电池的一致性评估和重组技术研究

吴文进 著

中国科学技术大学出版社

内容简介

本书针对当前新能源汽车退役动力电池再利用中出现的关键问题进行重点分析，在退役动力电池模型分析的基础上提出了多种电池模型参数辨识方法和SOC预测方法并进行对比分析，提出了贴近工程实际应用的退役电池一致性分析方法，分析了退役动力电池重组后电池性能并提出了各电池单体之间的均衡控制策略。

本书便于读者自学和进一步深入研究，以期满足国内高校、科研院所和锂电池生产企业等相关师生、研究人员和技术开发人员的教学、科研参考需要。

图书在版编目(CIP)数据

退役动力电池的一致性评估和重组技术研究/吴文进著. —合肥：中国科学技术大学出版社，2023.8

ISBN 978-7-312-05729-8

Ⅰ. 退… Ⅱ. 吴… Ⅲ. 新能源—汽车—蓄电池—废物综合利用—评估 Ⅳ. U469.720.3

中国国家版本馆CIP数据核字(2023)第124447号

退役动力电池的一致性评估和重组技术研究
TUIYI DONGLI DIANCHI DE YIZHIXING PINGGU HE CHONGZU JISHU YANJIU

出版	中国科学技术大学出版社
	安徽省合肥市金寨路96号，230026
	http://press.ustc.edu.cn
	https://zgkxjsdxcbs.tmall.com
印刷	安徽国文彩印有限公司
发行	中国科学技术大学出版社
开本	710 mm×1000 mm 1/16
印张	11
字数	234千
版次	2023年8月第1版
印次	2023年8月第1次印刷
定价	65.00元

前　　言

2020年9月我国明确提出了2030年"碳达峰"与2060年"碳中和"总目标，为推进节能减排和"双碳"目标的预期实现，我国新能源汽车行业近几年持续爆发式增长，2022年我国新能源汽车全年销售688.7万辆，市场占有率提升至25.6%，高于2021年12.1个百分点，全球销量占比超过60%。其中，纯电动汽车销量536.5万辆，同比增长81.6%；插电式混动汽车销量151.8万辆，同比增长1.5倍。产销量连续8年保持全球第一。预计到2025年我国新能源汽车年销量将突破1000万辆。电动汽车行业爆发式增长，为规模庞大的动力电池回收和下游梯次利用行业带来了前所未有的机遇和挑战。

中国汽车动力电池产业创新联盟数据显示，2022年1~12月，我国动力电池累计产量545.9 GWh，累计同比增长148.5%；累计销量达465.5 GWh，累计同比增长150.3%。按照动力电池的平均使用寿命5~6年计算，我国2022年退役动力电池数量为31.4万吨，预计2026年将达到96.8万吨，2030年总量将达到300万吨。2030年铁锂电池梯次利用市场空间预计241.24亿元，中残值时预计180.93亿元，低残值时预计120.62亿元。中残值情况下，2020~2030年铁锂电池梯次利用累计市场空间将达到680亿元。退役动力电池的梯次利用，将带来规模化的经济效应和环境效益，相关梯次利用产业将具有广阔的市场前景，属于未来的朝阳产业。2020年10月国家工信部发布了《新能源汽车动力蓄电池梯次利用管理办法（征求意见稿）》，同时国务院办公厅发布了《新能源汽车产业发展规划（2021—2035年）》，规划明确指出支持动力电池梯次产品在储能、备能、充换电等领域创新应用，加强余能检测、残值评估、重组利用、安全管理等技术研发。优化再生利用产业布局，推动报废动力电池有价元素高效提取，促进产业资源化、高值化、绿色化发展。

然而，尽管市场前景广阔，但目前动力电池梯次利用仍以试点示范工程居多，尚无法进行大规模的商业化应用。另外，动力电池在车辆上的使用情况也千差万别，退役电池还面临着不同程度的安全风险，如电池一致性较差、充放电倍率受限、倍率过大导致热失控等问题。因此，对电池基础信息、健康状态、一致性和安全状态的检测和评估，研究退役动力电池筛选分级方法，提高动力电池梯次利用重组生产效率和系统性能，已经成为当前迫切需要解决的关键技术问题。

本书以新能源汽车退役动力电池为研究对象，分别进行了退役动力电池模型及其参数辨识研究，退役动力电池荷电状态估计研究，退役动力电池一致性评估研究和退役动力电池规模化重组技术研究,所提出的理论方法及其相应的实验结论可以作为新能源汽车退役动力电池梯次再利用的重要参考资料。

本书相关内容安排如下:

第1章全面系统地回顾了锂电池的发展历史及其应用现状,综述了锂电池的模型研究、锂电池的模型参数辨识方法研究、锂电池的荷电状态估计研究、退役动力电池的一致性评估研究和退役动力电池重组技术研究。

第2章对新能源汽车退役动力锂电池的 Rint 等效电路模型、PNGV(Partnership for a New Generation of Vehicles)等效电路模型、一阶 RC 等效电路模型和二阶 RC 等效电路模型的结构进行了逐一分析,给出了相应的模型状态方程,并对模型参数辨识方法进行了研究。通过实验获取退役动力电池混合功率脉冲特性电压响应曲线,并依据此电压响应曲线给出 R_0,R_p,C_p 的离线辨识计算方法,构建了模型参数离线辨识系统。实验结果证明了所提出离线参数辨识方法的有效性,辨识误差在工程应用许可的范围内。针对常规递推最小二乘(Recursive Least Square,RLS)算法的局限性,设计了遗忘因子递推最小二乘(Forgetting Factor Recursive Least Square,FFRLS)算法、自适应遗忘因子递推最小二乘(Adaptive Forgetting Factor Recursive Least Square,AFFRLS)算法和卡尔曼滤波算法等多种退役动力锂电池参数在线辨识算法,分别构建了以上各种辨识方法的仿真系统,辨识对象包括锂电池一阶 RC 等效电路模型参数和二阶 RC 等效电路模型参数。实验结果对比表明,在 DST(Dynamic Stress Test)工况下卡尔曼滤波算法和FFRLS 算法参数辨识结果存在波动,准确性和适应性相对较差;而 AFFRLS 算法参数辨识结果稳定,准确性高,适合在退役动力电池梯次利用工程中应用。

第3章研究了退役动力电池荷电状态估计方法,提出了卡尔曼滤波、扩展卡尔曼滤波和自适应卡尔曼滤波等三种 SOC(State of Charge)估计算法,分别构建了三种算法的 SOC 估计模型并进行对比实验研究。基于锂电池一阶 RC 等效电路模型,根据卡尔曼滤波算法,详细地推导了模型的状态方程和观测方程,实现对退役动力电池荷电状态估计。模型的实验结果表明,基于卡尔曼滤波的 SOC 估计误差略大,需要进一步改进。扩展卡尔曼滤波算法是在卡尔曼滤波算法的基础上对最佳估计点附近的非线性函数进行泰勒展开处理,可以有效地解决非线性系统的状态估计。根据非线性系统的一般形式,详细地给出了基于锂电池模型离散化的电池状态空间方程和观测方程。在两种不同电流工况下验证了 EKF(Extended Kalman Filtering)算法估计 SOC 的准确性。为了使得 EKF 算法在估算过程中可以对系统不断变化的状态有更好的自适应性,在现有算法的基础上加入自适应滤波器来对模型噪声进行修正,形成自适应卡尔曼滤波算法,并基于该算法详细地给出了锂电池模型离散化的状态空间方程和观测方程。构建基于自适应卡尔曼滤波的 SOC 估计算法模型,在 DST 工况下验证了 AKF(Adaptive Kalman filter)算法估计 SOC 的准确性。

第4章对退役动力电池的一致性影响因素、退役单体电池的分选方法和电池的一致性评估方法进行了理论和实验研究。通过对新旧电池组的实验测试以及实验数据分析,明确了电池容量不一致、电池内阻不一致、电池放电深度不一致和电池温度不一致等都会导致电池组的一致性衰减,为电池一致性分选的特征参数的选取提供依据。针对现有退役动力电池聚类筛选方法计算量大、效率低等问题,提出了一种基于轮廓系数的 k-means 聚类算法的静态分选方法,通过对电池进行 HPPC(Hybrid Pulse Power Characteristic)实验,提取电池容量、欧姆内阻、电压作为电池特征参数,再将特征参数归一化处理,同时在电池筛选成组过程中通过计算轮廓系数评价聚类效果来确定 k 值。实验结果表明,该方法降低了电池筛选过程计算量,能够快速有效地将退役动力电池进行聚类重组,且重组后电池组一致性较好,进一步提高退役动力电池测试装置的工作效率。针对电池动态分选过程中电池充放电曲线识别数据量大、聚类繁杂等问题,提出了两种电池动态分选方法:PCA-SOM(Principal Component Analysis-Self Organizing Map)神经网络方法和 Elman 神经网络方法。PCA-SOM 神经网络分选方法依据电池充放电曲线,提取出表征电池关键信息的特征量并进行主成分分析,得到新的特征变量,然后利用 SOM 神经网络对电池进行聚类,得到分类结果。Elman 神经网络则通过对部分电池特征量进行训练来建立分选模型,从而完成对所有电池的分选。两种方法相比较,PCA-SOM 神经网络分选方法的分选结果更加准确,但计算复杂度更高;而 Elman 神经网络分选方法计算复杂度低,但泛化能力较弱,适用于电池数量小的模型,随着待分选电池数量的增多,分选误差也会增加。

第5章首先对退役动力电池串联重组、并联重组和规模化串并联重组后的性能进行了分析,其次分析了退役电池重组后各电池单体之间的均衡控制方法,建立了退役电池组均衡控制系统模型,并进行了实验验证。对于退役动力电池串联重组,分析了欧姆内阻差异、容量差异、单体间极化电容差异三个方面对串联电池组端电压和 SOC 的影响。实验分析表明,欧姆内阻和容量差异对端电压的影响较大,单体间欧姆内阻和容量差异越大,导致单体间端电压误差越大,从而影响电池组的使用寿命。不同极化电容会导致端电压在放电结束后电压突变值不同,在电池电压缓慢回升过程中也存在一定的差异,同时极化电容的差值越大,导致 SOC 的差值也越大。对于退役动力电池并联重组,分析了容量差异、欧姆内阻差异、单体间极化电容差异和极化电阻差异对并联电池组电压和 SOC 的影响。实验分析表明,单体间容量差异和欧姆内阻差异对并联电池组端电压影响不大,但并联支路受电池不一致性影响,在工作中会出现工作电流不均衡现象,从而对电池 SOC 造成较大影响。与极化电容差异对并联电池组的端电压和 SOC 影响很小相比,极化电阻对并联电池组的端电压和 SOC 影响要大,且极化电阻差异越大,对电池端电压影响越大。对于退役动力规模化电池串并联重组,由于电池串并联连接方式不同,单体电池间的差异对电池串并联重组的影响也不同。以六节电池的四种连接方式为例,分析了电池组容量和 SOC 与单体容量和 SOC 之间的关系。实验分析表明,在串并联重组结构中,由于电池间容量、内阻、极化的不一致,对串联电池组极易产生电池过充、过放现象,而对并联电池组则影响其并联支路电流,这都将影响电池寿命。老化电池对串并联电池组的影响更是加剧电池电压衰减,从而影响电池组寿命。针对在电池生产以及使用过程中,电池各参数都将产生不一致,对电池使用寿命产生巨大的影响现象,研究了退役电池重组后的均衡控制技术。分析了基于变压器均衡和基于变换器均衡的电路拓扑结构,建立了基于常规 PID(Proportional Integral Differential)控制策略和模糊 PID 控制策略的退役电池组均衡控制系统模型,实验验证了两种方法的有效性,但模糊 PID 控制均衡速度更快,用时较短,能够快速完成电池间的均衡。

本书力求视野开阔,抓住当前新能源汽车退役动力电池再利用中出现的关键问题进行重点分析,在退役动力电池模型分析的基础上提出了多种电池模型参数辨识方法和 SOC 预测方法并进行对比分析,提出了贴近工程实际应用的退役电池一致性分析方法,分析了退役动力电池重组后电池性能并提出了各电池单体之间的均衡控制策略。全书思路清晰,分析过程层层推进,便于读者自学和进一步深入研究,以期满足国内高校、科研院所和锂电池生产企业等相关师生和技术开发人员的教学科研参考需要。

感谢合肥综合性国家科学中心能源研究院(安徽省能源实验室)对本书研究工作的支持,感谢课题组合肥工业大学苏建徽教授对本书研究工作的指导,感谢合肥工业大学能源研究所赖纪东博士和合肥学院杨旭来博士的合作研究,感谢硕士研究生郭海婷同学对本书实验验证工作的支持。同时感谢安庆师范大学电子工程与智能制造学院的各位同事对本书研究工作提供的支持和帮助。

本书的出版及其研究工作得到了安徽省高校协同创新项目"梯次利用动力电池的快速性能评估和重组技术"(GXXT-2021-025)、安庆师范大学学术著作出版基金(2023 年)和安徽省自然科学基金项目(1708085ME132)的支持,在此表示感谢。

由于笔者水平有限,加之时间仓促,书中存在缺点和错误在所难免,恳请广大读者批评指正。

吴文进

2023 年 3 月于安庆师范大学

目 录

前言 ··· (i)

第1章 绪论 ·· (1)
1.1 锂电池的发展历史与应用现状 ··· (1)
1.1.1 锂电池的发展历史 ··· (1)
1.1.2 锂电池的应用现状 ··· (3)
1.2 锂电池关键技术问题研究现状 ··· (5)
1.2.1 锂电池模型研究现状 ··· (5)
1.2.2 锂电池模型参数辨识研究现状 ···································· (7)
1.2.3 锂电池荷电状态估计研究现状 ···································· (8)
1.2.4 退役锂电池一致性评估研究现状 ································· (10)
1.2.5 退役锂电池重组技术研究现状 ···································· (12)
1.3 锂电池发展前景 ·· (13)

第2章 退役动力电池模型及其参数辨识研究 ···························· (14)
2.1 锂电池等效电路模型 ··· (14)
2.2 锂电池一阶RC等效电路模型参数辨识方法研究 ···················· (17)
2.2.1 一阶RC等效电路模型参数的离线辨识方法 ··················· (18)
2.2.2 基于遗忘因子递推最小二乘法的一阶RC等效电路模型参数辨识方法 ·· (24)
2.2.3 基于自适应遗忘因子的递推最小二乘法一阶RC等效电路参数辨识方法 ·· (29)
2.2.4 基于卡尔曼滤波算法的一阶等效电路模型参数辨识方法 ··· (31)
2.3 锂电池二阶RC等效电路模型参数辨识方法研究 ···················· (37)
2.3.1 基于遗忘因子递推最小二乘法的二阶RC等效电路模型参数辨识方法 ·· (37)
2.3.2 基于自适应遗忘因子的二阶RC等效电路模型参数辨识方法 ··· (42)
2.3.3 基于卡尔曼滤波算法的二阶RC等效电路模型参数辨识方法 ··· (45)

第3章　退役动力电池荷电状态估计研究 ……………………（54）
3.1　基于卡尔曼滤波的退役动力电池SOC估计 ……………（54）
3.1.1　基于卡尔曼滤波的SOC估计算法分析 …………（54）
3.1.2　仿真实验分析 ……………………………………（55）
3.2　基于扩展卡尔曼滤波的退役动力电池SOC估计 ………（58）
3.2.1　基于扩展卡尔曼滤波的SOC估计算法分析 ……（59）
3.2.2　仿真实验分析 ……………………………………（60）
3.3　基于自适应卡尔曼滤波的退役动力电池SOC估计 ……（70）
3.3.1　基于自适应卡尔曼滤波的SOC估计算法分析 …（71）
3.3.2　仿真实验分析 ……………………………………（72）

第4章　退役动力电池的一致性评估研究 ……………………（80）
4.1　一致性影响因素分析 ………………………………………（80）
4.2　退役单体电池分选方法研究 ………………………………（84）
4.2.1　静态分选 ……………………………………………（85）
4.2.2　动态分选 ……………………………………………（93）
4.3　电池一致性评价方法分析 …………………………………（102）
4.3.1　单参数评价电池一致性 ……………………………（102）
4.3.2　多参数评价电池一致性 ……………………………（103）

第5章　退役动力电池规模化重组技术研究 …………………（106）
5.1　退役电池串联重组后性能分析 ……………………………（106）
5.2　退役电池并联重组后性能分析 ……………………………（117）
5.3　退役电池规模化串并联重组后性能分析 …………………（128）
5.3.1　退役电池串并联模组容量分析 ……………………（129）
5.3.2　老化电池对不同串并联拓扑电池组性能影响 ……（131）
5.4　退役锂电池重组后均衡控制研究 …………………………（135）
5.4.1　被动均衡 ……………………………………………（135）
5.4.2　主动均衡 ……………………………………………（138）
5.4.3　常规PID均衡控制策略 ……………………………（142）
5.4.4　模糊PID均衡控制策略 ……………………………（149）

参考文献 ……………………………………………………………（159）

第 1 章 绪 论

1.1 锂电池的发展历史与应用现状

锂电池(Lithium Battery，LB)是一类以锂金属或锂合金为正/负极材料、使用非水电解质溶液的电池，分为锂一次电池(又称锂原电池，Primary LB)与锂二次电池(又称锂可充电电池，Rechargeable LB)。锂一次电池通常以金属锂或者锂合金为负极，用 MnO_2、$SOCl_2$ 等材料为正极，在 20 世纪 70 年代开始成功应用；锂二次电池发展经历了金属锂二次电池、锂离子电池与锂聚合物电池三个阶段[1]，在 20 世纪 90 年代实现商品化。锂电池具有比能量大、工作电压高、工作温度范围宽、储存性能优越(自放电小)、使用携带便利、可通过串并联组合形成各种电池组等优点，是军事和民用装备的首选电源之一。

1.1.1 锂电池的发展历史

锂金属于 1817 年被发现，它密度低($0.534\ g/cm^3$)、容量大(理论可达 $3860\ mAh/g$)并且电势低，非常适合用作电池材料，但锂金属的缺点是过于活泼，因而对操作环境要求极高。1958 年，Harris 提出采用有机电解质作为锂金属原电池的电解质。1962 年，在波士顿召开的电化学学会秋季会议上，来自美国军方的 Lockheed Missile 以及来自 Space 公司的 Chilton Jr. 和 Cook 提出"锂非水电解质体系"的设想，第一次将活泼金属锂引入到电池设计中，锂电池的雏形由此诞生。1973 年，氟化碳锂原电池在松下电器公司实现量产。1975 年，三洋公司对 Li/MnO_2 开发成功并应用在 CS-8176L 型计算器上。1976 年，锂碘原电池研发成功。接着，许多用于医药领域的专用锂电池应运而生，其中锂银钒氧化物($Li/Ag_2V_4O_{11}$)电池应用最为广泛。

锂原电池的成功应用激起了锂二次电池的开发热潮。1972 年，Steel 与 Armand 等人提出"电化学嵌入"概念。同年，Exxon 公司设计了一种以 TiS_2 为正极、锂金属为负极、$LiClO_4$/二恶茂烷为电解液的电池体系，实验表明，该电池深度循环接近 1000 次,每次循环容量损失低于 0.05%。1983 年,Peled 等人提出固态电解质界面膜(简称 SEI)模型。20 世纪 80 年代,加拿大 Moil 能源公司研发的 Li/MnO$_2$ 锂金属二次电池被成功推向市场,第一块商品化锂二次电池终于诞生。1989 年,Li/MnO$_2$ 二次电池发生火灾事故,导致锂金属二次电池研发基本停顿,其安全问题需要即刻得到根本解决。

1980 年,法国科学家 Armand 首次提出"摇椅式电池"概念,电池两极不再采用金属锂,而是采用锂的嵌合物。在锂嵌合物中,有三维或者二维空隙,金属锂不是以晶体形态存在,而是以锂离子和电子的形式存在于空隙中。1982 年,美国伊利诺伊理工大学的 R. R. Agarwal 和 J. R. Selman 发现锂离子具有嵌入石墨的特性,充电时,石墨电极得到电子,并接受 Li$^+$ 离子嵌入,生成石墨-锂化合物,反应式为 $C_6 + Li^+ + e^- \longrightarrow C_6Li$;放电时,则发生上述过程的逆反应。1970 年,M. S. Whittingham 发现锂离子可以在层状材料 TiS$_2$ 中可逆地嵌入析出,适合做锂电池正极。到了 1980 年,研究锂电池的古迪纳夫提出了用钴酸锂作为正极材料,次年吉野提出钴酸锂正极与碳基材料负极的组合方式。

1983 年,古迪纳夫证实廉价的锰酸锂也能用作正极材料,其后吉野发明了正负极之间离子稳定移动的技术,奠定了锂离子电池作为二次电池实用化的基础。日本索尼公司将钴酸锂(正极材料)和石墨(负极材料)结合,使用含有锂盐(如六氟磷酸锂)的有机溶剂作为电解液,在 1990 年开发出了可充电锂电池,1992 年实现商业化,其工作电压可达到 3.7 V 以上。高性能,低成本,安全性好,并大大减少了对环境的污染是其重要特征,这种锂离子电池一经问世立刻受到了欢迎。20 世纪 90 年代,手机、笔记本电脑等个人设备所用的锂离子电池上市发售。最初被手机行业所用,其后广泛用于便携式音响、笔记本电脑。采用锂离子电池的原因在于因设备本体小型化,所需电压下降,原本需要 5.5 V,现在只需 3 V。由此,与使用三节只能输出 1.25 V 电压的镍镉电池相比,使用一节能输出 3 V 以上电压的锂离子电池效率更好。

一般的电池主要的构造包括正极、负极与电解质三项要素。锂离子电池的一个重要更新是以高分子材料取代电解质溶液。1973 年,Wright 等人发现某些聚合物能够较快地传导锂离子。1975 年,Feullade 和 Perche 又发现 PEO、PAN、PVDF 等聚合物的碱金属盐配合物具有离子导电性。1978 年,法国的 Armand 博士预言这类材料可以用作储能电池的电解质,提出电池用固体电解质的设想。1995 年,日本索尼公司发明了聚合物锂电池,电解质是凝胶的聚合物。1999 年,聚合物锂离子电池实现商品化。

纵观电池发展的历史,在商品化的可充电电池中,锂离子电池的体积比能量和质量比能量高,可充且无污染,具备电池工业发展的三大特点,因此在发达国家中有较快的增长。随着新能源汽车的发展,锂电池也受到世人瞩目。

现阶段,锂离子电池已经成为电动汽车最重要的动力源,其经历了三代技术的发展（钴酸锂正极为第一代，锰酸锂和磷酸铁锂为第二代，三元技术为第三代）。随着正负极材料向着更高克容量的方向发展和安全性技术的日渐成熟、完善，更高能量密度的电芯技术正在从实验室走向产业化，应用到更多的场景，为未来提供更便捷、清洁、环保、智能的生活[2-4]。

1.1.2 锂电池的应用现状

锂电池作为当今世界应用非常广泛和非常有发展前景的电池，具有比能量和放电性能高、工作和贮存寿命长、安全操作性能高和成本较低的优点[5]。目前，锂电池主要应用在以下领域。

1. 消费类电子产品

由于锂电池体积小、重量轻、比能量大、自放电小、使用时间长、安全性能好、可快速充电等优点，被广泛应用于电子产品中。包括手机、平板、笔记本电脑、蓝牙耳机等。近年来随着创新技术的进一步应用，在消费电子领域也涌现出一批新产品，成为消费电子行业新的增长点。包括以智能手表、智能手环为代表的智能可穿戴设备、AR/VR设备、娱乐机器人等新兴产品。锂电池产品一直保持快速增长，并占据大部分市场份额。在广泛应用于各类电子产品的同时，工业智能化、军事信息化、民用便利化以及互联网、物联网、智能城市的快速发展也推动锂离子电池市场规模不断扩大。

2. 电动汽车

对我国而言，汽车污染日益严重，尾气、噪音等对环境的破坏到了必须加以控制和治理的程度，特别是在一些人口稠密、交通拥挤的大中城市情况变得更加严重。锂离子电池作为新型高能蓄电池，其本身具有电压高、比能量高、充放电寿命长、无污染、充电速度快、安全性高等优势，较为适合作为新能源汽车的动力电池。相比其他动力电池，锂离子电池具有更高的单体额定电压、功率密度及更多的循环使用次数，能够有效减少能量损失、提升行驶里程[6]。

在2001年的时候我国就开始进行新能源电动汽车领域的项目研发了，经过二十多年的科学技术攻关，克服了种种困难，我国新能源汽车从无到有，技术水平处于持续进步状态。在2008年北京奥运会期间，55辆我国自主研发的纯电动大客车行驶上路，在国际奥运史上首次实现了中心区零排放。锂电池技术的发展加速了电动汽车时代的到来。2020年3月，比亚迪公司发布刀片式磷酸铁锂电池，该电池具有高安全、长续航(长寿命)、减少对稀有金属依赖三个重要特点。在针刺试验中，比亚迪刀片电池针刺点附近位置仅有较低程度的温升变化，杜绝了燃爆的可能，再一次定义了全球动力电池安全新标准。同年6月，宁德时代宣布将发布可自修复长寿命电池,可实现16年超长寿命,或200万千米行驶里程,成本相较当前电池增加不超过10%。在2021年1月消费电子展(CES)上,日本电子产品制造商松下表示,将致力于开发不使用钴的锂离子电池,其打算在接下来的几年内,将钴的使用比例从现在的低于5%降至0%。同年9月,岚图汽车打造出"琥珀"电池系统和"云母"电池系统两项电池PACK核心技术,用于解决电池系统安全问题。这些都是新能源汽车电池领域的重大事件。

我国是世界上最大的新能源汽车生产国和消费国,在全球新能源电池市场上也占据重要位置,这些为我国新能源汽车动力电池技术的发展创造了良好条件。从总体上看,我国新能源汽车动力电池呈现出智能化、规模化、合作化的发展趋势,发展势头也较好。

3. 航空航天

锂电池在民用飞机的应用经历坎坷。2010年4月,赛斯纳在"奖状"CJ4公务机上采用了锂电池。2011年10月,由于锂电池在地面起火,美国联邦航空管理局(Federal Aviation Administration,FAA)要求该机采用镍镉电池或酸性电池取代锂电池。但真正使锂电池在民用航空领域被暂停使用的导火索应该是2013年1月7日和1月16日波音787飞机的两起起火事故。

得益于自动化工业的快速发展,锂电池技术达到了一个新的高点,可以满足小型短程飞机的动力需求。目前,锂电池可以为电动垂直起落飞机(Electric Vertical Takeoff and Landing,EVTOL)的原型机提供足够动力,但是要达到商业应用还需要更大的发展,预计最早也要到21世纪20年代早期才可商业化应用。优步公司目前正在完成锂电池的这一使命。有些设计中锂电池在技术上已经达到要求,但是要在航空领域中获得实际应用,还有很长的路要走。

4. 电网储能

储能作为可以平滑电力输出的重要工具,在未来能源互联网市场将发挥重要作用,尤其是解决西北地区可再生能源限电问题。我国储能市场自2010年开始,主要以示范项目进行推进。从2014年11月以来,政府陆续发布系列政策和指导意见支持储能发展,同时推动储能电池技术不断成熟,助力我国储能产业发展。随着储能系统成本快速下降,部分储能技术已步入商业化阶段。磷酸铁锂电池能量密度相对较高,并且随着磷酸铁锂正极材料的应用,传统的碳负极锂离子动力电池的寿命和安全性得到较大提高,首选应用于储能领域。全球锂电池储能系统在技术上占比比其他电池储能系统占比要高出很多,锂离子电池将成为未来储能的主流。在国家政策的推动下,储能领域对锂电池的需求也在快速增长,到2022年,储能锂离子电池累计需求达到160 GWh,成为推动锂电池市场增长的后续力量[7]。

锂电池在储能领域的应用包括储能电站、基站备用电源、家庭光储系统、光储充电站等。未来在清洁能源比重不断提高的情况下，只要用电的地方，理论上都可以用到储能。从长远来看，储能领域将是锂电池最大的应用市场。

5. 便携式电化学储能

小到电子表、手表、CD 唱机、移动电话、MP3、MP4、照相机、摄影机、各种遥控器、剃须刀、手枪钻、儿童玩具等，大到医院、宾馆、超市、电话交换机等场合的应急电源，都在广泛地使用锂离子电池。

当前短期内不断上涨的电池原材料价格并没有太多影响锂离子电池的推广应用。目前锂并不是锂离子电池成本的主要因素，锂用于阴极和电解质，这仅占总成本的小部分。在这些成分中，加工成本和阴极中钴的成本是主要因素。但是鉴于锂离子电池的基本优点和生产智能化技术的进一步提高，在未来许多年里，锂离子电池将继续主导便携式电化学储能。

由于锂离子电池是便携式电化学储能的首选来源，降低其成本和提高其性能可以极大地扩展其应用范围，并使得依靠储能的新技术成为可能。迄今为止，锂离子电池的大量研究一直是在电极材料上，具有较高倍率容量、较高充电容量和（对于阴极）足够高的电压的电极可以提高锂电池的能量和功率密度，并使其更小和更便宜[8-10]。

1.2 锂电池关键技术问题研究现状

1.2.1 锂电池模型研究现状

电池属于高度复杂的非线性电化学储能装置，当前电池模型可以分为电化学模型、数据驱动模型和等效电路模型。

1. 电化学模型

1993 年，美国加州大学伯克利分校的 Doyle、Fuller 和 Newman 利用多孔电极理论和浓溶液理论设计了一个锂电池的物理模型，该模型包括质量、电荷、能量守恒和反应动力学，被称为 P2D（Pseudo Two Dimensions）模型。P2D 模型可以较为准确地分析出电池中电荷和锂离子的分布状态及动力学过程，从而可以进一步对充放电过程进行模拟分析[11-14]。但由于其模型求解过程较为复杂，当前研究主要是如何简化模型，使其能够应用于电池管理中。文献[15]提出一种简化的电化学模型，该模型包括开路电压、固体相和液相扩散、反应极化和欧姆极化，该模型忽略了内部温度变化对电池外部行为的影响，降低了模型参数提取的复杂度。文献

[16]从系统公式出发,利用奇异摄动方法和平均理论,提出了一种新的偏微分方程电池模型简化框架。

2. 数据驱动模型

电池数据驱动模型利用神经网络(Neural Network,NN)、支持向量机(Support Vector Machine,SVM)等方法,通过大量电池数据建立起输入与输出之间的响应关系。文献[17-18]利用SVM对电池的非线性动力学进行了建模,该模型捕获了脉冲和弛豫过程中的电压动态,实现了与扩散相关的电压降的准确估计。文献[19-23]以不同神经网络结构为基础,建立了基于神经网络的电池模型,建立的模型不需要复杂的计算过程,而且模型精度较高。文献[24]提出了一种在线数据驱动的电池模型识别方法,采用拉格朗日乘子法对电池参数进行了更新,并基于建立的模型对电池开路电压和荷电状态进行了准确估计。无论是利用支持向量机还是神经网络,在模型建立过程中都需要通过训练大量的数据来提高所建模型的准确性,且模型误差易受训练数据和训练方法影响。然而,电动汽车在实际运行中工况相当复杂,难以得到各种工况下的全部训练数据,因此数据驱动模型在实际使用过程中存在局限性。

3. 等效电路模型

等效电路模型(Equivalent Circuit Models,ECM)是当前国内外主要采用的模型,相比于电化学模型和数据驱动模型,该模型结构简单,计算复杂度小,实用性较好[25-27]。等效电路模型主要由电压源、电阻和RC网络等组成,它能够描述输入端(电流、SOC和温度)与端电压之间的电气关系[28]。等效电路模型主要包括Rint模型[29-31]、n-RC模型[32-33]和PNGV模型[34-36]等,其物理意义明确。等效电路模型考虑了电流、温度等外特性影响因素,使得动力电池能很好地适用于不同工况,被广泛应用在动力电池状态估计中。

Rint模型也被称为内阻模型,是由美国爱达荷国家实验室设计的一种较为简单的电池等效模型,该模型由电压源和电阻组成。虽然Rint模型结构很简单,但它不考虑电池极化和扩散现象,无法表征电池动态过程,仅适合对电池进行理想状态下的仿真,为建立高阶等效电路模型提供基础。

n-RC模型是由n个RC网络结构组成的等效电路模型,主要有三个组成部分:电压源、欧姆内阻和RC网络。其中以一阶RC模型(Thevenin模型[37])和二阶RC模型[38]应用较为广泛。一阶RC模型在Rint模型基础上串联了一个并联RC网络,用来描述电池的动态特性。Thevenin模型具有明确的物理意义,但是模型中参数为固定值,并不能随SOC和温度变化而变化,存在一定弊端。文献[39]考虑到温度对电池开路电压计算精度的影响,提出了一种改进的一阶RC模型,分别采用多项式拟合算法和遗传算法对电池模型的参数进行了识别,参数识别误差小于1%。考虑到充放电条件下,电池参数是不同的,文献[40]在传统一阶 RC 模型上加入二极管,以得到不同工况下的内部电阻和极化电阻,并基于改进的 Thevenin 模型对电池 SOC 做出准确估计。

二阶 RC 等效电路模型有两个 RC 网络,又称为双极化(Double Polarization, DP)模型[41-42]。R_1C_1 网络用来描述电池充放电过程中的扩散极化效应,R_2C_2 网络则描述电池充放电过程中浓差极化效应。与一阶 RC 模型相比,二阶 RC 等效电路模型结构相对复杂,参数计算效率比较低,但是能够更加精确地描述电池在不同工况下的动态特性,在模型仿真时能够更加接近电池实际运行特性。

美国汽车研究理事会(US Council for Auto Research,USCAR)在 2001 年发表的《PNGV 电池实验手册》[43]中提出了 PNGV 标准等效电路模型。PNGV 等效电路模型在一阶 RC 模型的基础上增加了一个电容 C_b,用来描述负载电流的时间累积产生的开路电压变化[44-45]。为使得模型拟合出的曲线与真实电压曲线匹配程度更高,文献[46]在 PNGV 模型中加入一个 RC 网络来表征电池的极化效应,使模型更符合电池的内部结构和动态特性,也更准确。文献[47]考虑到电池自放电影响以及计算复杂度,采用 OCV-SOC 曲线来表示 SOC 变化对电池开路电压的影响,而不是在 PNGV 模型中添加电容 C_b,使模型更适合于电池的实验模拟和应用。

1.2.2 锂电池模型参数辨识研究现状

电池 SOC 与电池容量、开路电压、电流、温度以及循环寿命等有着密切的非线性关系,为获取不同工况下电池 SOC 值,必须对电池模型进行修正。如何正确识别模型参数是评价电路模型质量的关键,参数识别应根据试验数据并结合电池性能进行分析[48]。当前国内外研究锂电池参数辨识方法可以分为三类:基于卡尔曼滤波类的方法、智能优化方法和最小二乘方法。

在第一类方法中常见的有卡尔曼滤波、扩展卡尔曼滤波和自适应卡尔曼滤波等。文献[49]将模型参数扩充到电池状态变量中,利用自适应联合扩展卡尔曼滤波算法完成了不同温度下的模型参数辨识。文献[50]将非线性观测器与模型不确定性和扰动的结构化表示相结合,利用扩展卡尔曼滤波完成电池模型参数和 SOC 联合估计。文献[51]利用简化的电池模型和分数阶卡尔曼滤波算法完成了电池模型参数辨识。上述方法通常可以提供相对准确的参数估计,但是对噪声协方差比较敏感,与模型不匹配时会引起很大的估计误差,而且,此类方法计算复杂度相对较高,需要占用更多的计算资源。

智能优化方法主要通过遗传算法、粒子群算法等智能优化算法完成电池模型参数辨识。文献[52]将遗传算法与甲虫群优化算法相结合,基于建立的电池模型,完成模型参数的准确辨识。文献[53]利用混合粒子群优化算法来获得模型的最优参数。文献[54]提出一种耦合混合自适应粒子群优化模拟退火方法,以实现参数辨识过程的精确性和鲁棒性。这类方法理论上可以达到很高的辨识精度,但是计算成本高,实时性不够,很难应用到电动汽车电池管理系统中。另外,算法内部参数设置方式的不同也会严重影响参数辨识的精度,不同工况下电池模型参数辨识时算法内部参数的选择是关键问题和难题。

基于最小二乘的电池参数辨识方法由于其计算复杂度小和计算结果精度高被广泛应用于电池模型参数辨识中。传统的递归最小二乘法不能准确地跟踪实际复杂条件下模型参数的变化,为此,文献[55]提出了一种结合实时变量遗忘因子递归最小二乘和自适应扩展卡尔曼滤波的新的参数识别方法。为了更加有效地辨识出电池在不同工况下的动态参数,文献[56-57]提出具有多重遗忘因子的递推最小二乘算法来完成电池模型参数辨识。为了克服多时间尺度效应所带来的电池参数辨识困难,文献[58-59]提出了一种多时间尺度的模型参数识别方法,以平衡实时在线识别精度和计算成本。文献[60]采用移动窗口最小二乘方法实现电池模型参数的实时辨识,并结合状态观测器进行 SOC 的估计,但是此方法很难给出合理的参数更新周期,导致联合估计时计算不稳定和误差较大。

1.2.3 锂电池荷电状态估计研究现状

电池 SOC 能够直接反映电池当前剩余容量,其数值上定义为剩余容量占额定容量的比值,是电池管理系统(Battery Management System,BMS)中一个重要变量。BMS 通过准确估计电池 SOC,可以有效防止电池过充、过放等滥用,保障电池安全可靠的运行。因此,准确的 SOC 估计是目前 BMS 中非常关键的核心问题[61-64]。目前,国内外关于 SOC 估计方法的研究可以分为基于实验的估计方法、基于数据驱动的估计方法和基于电池模型的估计方法[65-66]。

基于实验的 SOC 估计方法包括开路电压、Ah 积分法等。开路电压法也被称为电压测量方法,开路电压与电池 SOC 之间存在着一一对应的关系,因此可以建立 OCV-SOC 关系表,通过查表即可知道 SOC 值[67-68]。该方法虽然简单,但电池需要静置很长时间,电池内部反应才能达到平衡状态,且容易受环境影响。该方法通常用于实验室或作为校准辅助技术[69]。Ah 积分法是通过充放电过程中的电量计算从而得到 SOC 值,但是在估计过程中电池的温度、充放电效率、额定容量等都将影响估计结果[70]。文献[71-72]将 Ah 积分法和开路电压法相结合,并对库仑效率和容量参数进行了修正,有效缩短了电池 SOC 估计时间。Ah 积分法具有计算简单、算法稳定、在线测量等优点,主要用于初始 SOC 估计,但由于内部电阻的不断变化,其精度随着测试时间的推移而降低。

基于数据驱动的估计方法以电池工作中的电流、电压、温度等数据为输入,采用神经网络和各种机器学习算法估计 SOC。这些方法不需要对电池操作的清晰理解,并且可以基于用于训练模型的数据做出准确的预测。目前国内外研究方法主要集中在神经网络、支持向量机以及各种算法的组合上[73-74]。文献[75]提出一种基于 L-M(Levenberg-Marquardt)的多隐层小波神经网的 SOC 估计方法,并采用粒子群算法对估计过程进行优化。文献[76]提出了一种改进的基于外源输入的非线性自回归算法,用于精确、鲁棒的锂离子电池 SOC 估计,并利用照明搜索算法来寻找输入延迟、反馈延迟和隐藏层神经元的最佳值。文献[77]提出一种将粒子群算法与 BP(Back Propagation)神经网络相结合的电池 SOC 估计方法,利用粒子群算法对 BP 神经网络的权值和阈值进行了深度优化。文献[78-80]以电池电流、电压、温度等多个变量为输入,SOC 估计值为输出,对 BP 神经网络进行改进以提高 SOC 估计精度。文献[81]提出了一种支持向量机-容积卡尔曼滤波联合估计电池 SOC 的方法,利用支持向量机对容积卡尔曼滤波算法的输出数据进行训练以得到 SOC 估计模型,同时将模型的输出数据对原始 SOC 进行补偿,从而得到较为准确的 SOC 估计值。文献[82]基于卷积神经网络,提出一种快速电池 SOC 估计方法,仅使用短期充电数据来估计最大容量和剩余容量,以解决 SOC 估计问题。

基于数据驱动的估计方法的优点在于能够快速、方便、准确地估计 SOC。同时,并行搜索和全局搜索方法速度快,具有较好的收敛速度和精度。该方法的缺点也很明显,主要是因为它需要大量的训练数据作为支持来完成训练系统。训练数据和训练方法对其精度有很大的影响。在实际应用中,由于其算法过于复杂,需要大量的计算,增加了工作量。

基于模型的 SOC 估计方法利用锂电池参数来构建电池模型,然后利用一些先进的算法来估计电池 SOC,主要以卡尔曼滤波类方法、粒子滤波方法为主[83-85]。卡尔曼滤波方法常用在线性系统,而电池内部化学反应复杂,是一种典型的非线性系统[86],目前国内外学者对卡尔曼滤波方法进行了改进,使其能够应用于电池 SOC 估计。文献[87]建立了一阶 RC 模型,采用扩展卡尔曼滤波估计电池 SOC,有效地降低了系统噪声的干扰,提高了估计精度。文献[88]考虑到噪声对扩展卡尔曼滤波的影响,提出了两阶段估计算法,并引入粒子群优化算法进行调整,寻找全局最优估计值,该方法提高了 SOC 估计的鲁棒性,同时减少了计算量。文献[89]则提出一种基于等效电路电池模型和无迹卡尔曼滤波技术的 SOC 在线估计方法,在正确且有较大偏差的 SOC 初始化条件下,验证了 UKF(Unscented Kalman Filter)的 SOC 估计精度。文献[90]提出一种平方根三次卡尔曼滤波算法估计电池 SOC,以分解的形式直接传播和更新状态协方差矩阵的平方根,保证了协方差矩阵的非负质量,避免了滤波器的发散。文献[91]则利用双平方根卡尔曼滤波算法对电池 SOC 进行估计,实验结果表明,该方法具有更好的整体性能,具有更好的执行时间、近似 SOC 估计精度和收敛速度。文献[92]提出强跟踪 Sigma 点卡尔曼滤波算法估计电池 SOC,建立二阶 RC 等效电路模型并进行实验测试,实验结果和仿真结果的比较表明,该文献所提方法在估计电池 SOC 方面具有良好的性能,具有实时跟踪变量和考虑强跟踪因子调整误差协方差的优点。文献[93]将拉格朗日乘子技术和 Sigma 点卡尔曼滤波算法结合在一起对电池参数和 SOC 进行联合估计,在不同实验测试中,SOC 估计精度有很大提高。

与卡尔曼滤波类方法相比,粒子滤波更适用于电池复杂的非线性系统[94]。文献[95]考虑到温度变化和漂移电流的影响,提出了一个具有双粒子滤波器的温度补偿模型,用于电动汽车中锂电池的 SOC 估计,估计精度和鲁棒性得到很大提升,同时计算量也很大。文献[96]提出了一种利用 P2D 模型进行 SOC 估计的原始算法,利用 P2D 模型的特殊结构,开发了一种新的能独立扫描时间坐标和空间坐标的粒子滤波算法,该算法规避了高维状态估计的简并性问题,并通过定义"系链"粒子避免了隐式方程的重复解。文献[97]提出了一种以漂移电流作为状态变量的大功率锂离子电池的新工作模型,以消除电流传感器中漂移噪声的影响,并采用无味粒子滤波器方法来估计 SOC。文献[98]采用模糊规则对电池进行建模,并利用粒子滤波器提供最大可用功率状态和 SOC 的共同估计。此外,文献[99]采用遗忘因子递推最小二乘方法来确定电池参数,将遗传算法引入粒子滤波器中,通过优化重采样过程来提高 SOC 估计精度。文献[100-101]对粒子滤波器做出了不同改进以提高 SOC 估计精度和鲁棒性。文献[102]考虑到计算成本以及 SOC 估计精度,提出了一种双尺度自适应粒子滤波器的锂离子电池在线参数和 SOC 估计方法,实验结果表明,在系统稳定性提高后,SOC 估计的平均绝对误差值小于 1%,且该算法的收敛时间仅为 136 s。文献[103]提出一种人工免疫粒子滤波算法,避免了粒子退化导致算法效率和预测精度降低等问题,增加了粒子的多样性,使 SOC 估计结果具有更好的精度和有效性。

1.2.4 退役锂电池一致性评估研究现状

退役锂电池在梯次利用之前需要进行一致性分选评估,目前国内外电池分选方法可以分为基于电池参数分选法、基于动态特性曲线分选法和基于电化学阻抗谱分选法[104-105]。

1. 基于电池参数分选法

电池参数包括初始容量、初始 SOC、内阻、开路电压、自放电效率等,这些参数又可以分为电池静态参数和电池动态参数。静态参数包括初始容量、初始内阻、开路电压等。文献[106]对电池开路电压、内阻以及电池负载能力分别进行了实验测试,结果表明这三种电池参数都可以作为电池分选指标。文献[107]在对容量最大化、容量区间分割和电池特征向量距离三种分选方法对比分析后发现,针对不同的分选要求应选择合适的分选方法。文献[108]建立了具有不同拓扑结构的电池单元模型和电池组模型,研究了单体电池参数随串联和并联电池数对电池组容量和一致性的影响。相比于静态参数分选方法只考虑某一特定时刻的电池参数,动态电池参数分选方法能够表征电池的某些动态特性。文献[109]提取电压值作为各电池放电电压平台同一时间位置的采样点,采用多步模糊 C 均值(Fuzzy C-Means,FCM)聚类算法对电池进行聚类分选,与不使用任何分选方法相比,分选后电池组容量保留能力显著提高。文献[110-113]以电池充放电过程中的容量、内阻、电压以及温度为一致性分选指标,采用自组织映射(SOM)神经网络作为退役电池聚类分选方法,并随机抽取分选后的电池组成模组进行老化测试,验证了分选方法的有效性。文献[114]将电池静态特性和动态特性相结合,测量了电池质量、体积、电阻、电压、充放电容量和阻抗特性等参数,采用主成分分析对数据进行预处理,以 SOM 神经网络为聚类分选方法,完成电池一致性分选。文献[115]对电池进行了容量测试、HPPC 测试以及增量容量分析(Incremental Capacity Analysis,ICA)测试,并从实验测试中提取了基于容量、内阻和 ICA 的老化机制指标等多种因素,利用模糊聚类算法,根据两种典型应用场景要求,完成对电池的分类。

2. 基于动态特性曲线分选法

基于电池参数的分选方法往往需要对电池进行大量实验测试以获取准确参数值,时间成本较高。文献[116]对电池充放电曲线采用层次聚类的方法,以放电曲线之间的空间距离大小表示单体电池间一致性差异指标,该方法利用电压曲线上的点进行聚类,计算量大,同时存在两条电压曲线上的数据点数量不同问题。文献[117-118]通过比较不同单体电池的伏安特性曲线和充放电特性曲线的变化,选择曲线相同的单体电池,对电池进行分组。文献[119]研究了增量容量曲线的性质,从每个电池的部分增量容量曲线中提取出 6 个特征,并采用一种称为弹性网的收缩方法来选择与容量衰减最相关的两个变量,建立了一种基于线性判别分析的分类模型,可以将给定的电池分为"好"和"坏"两类。文献[120]将 120 个待分选的电池串联起来同时进行充放电测试,缩短了电池分选的时间,选取充电结束电压、放电结束电压、放电后 30 min 电压等特征点来判断不同厂家电池电化学性能的一致性。文献[121]提出了一种基于筛选过程的改进锂离子电池组电压-SOC 平衡的新方法,筛选过程包括容量筛选和内阻筛选,通过两个筛选过程,最终选择了具有相似电化学特性的电池。文献[122]提出了一种针对锂电池一致性筛选的数据驱动的决策优化方法,该方法考虑了充电电压曲线、充电电流曲线和放电电压曲线三种电池的动态特性曲线,从而确保了筛选后的电池具有一致的电化学特性。

3. 基于电化学阻抗谱分选法

基于电化学阻抗谱(Electrochemical Impedance Spectroscopy,EIS)分选方法是在某一直流极化条件下,对电池阻抗谱的特性进行研究,从而完成电池分选。文献[123]选取阻抗谱测试数据中的十个特征点,利用最小二乘方法拟合得到电池阻抗谱特性曲线,利用多点阻抗法将电池分类,并通过不同深度、不同电流以及不同时间的充放电实验验证分类结果的有效性。文献[124]则提出一种基于短时脉冲放电与电化学阻抗谱相结合的退役动力电池快速分选方法,在对200节电池进行脉冲放电以及阻抗谱测试后,将脉冲电压差、直流内阻、EIS曲线形状特征等作为筛选指标,实现了对退役动力电池快速有效的分选。文献[125]提出一种基于交流阻抗模型的质子交换膜燃料电池电堆一致性分析方法。文献[126]对70只退役动力电池进行了交流电化学阻抗谱测试,与传统内阻-容量分选方法对比,以EIS欧姆内阻作为分选指标分选得到的电池容量衰减率低,电池组使用寿命长。文献[127]采用电化学阻抗谱和等效电路模型,在低温环境完成了电池筛选。文献[128]基于电化学阻抗谱测试,建立了电池梯次利用阻抗谱模型,研究了模型参数与电池SOC和老化状况之间的关系,建立了不同老化状态下电池特性参数的数据表,通过实时测试电池特性参数,可以实现对电池老化程度的定量判定。

1.2.5 退役锂电池重组技术研究现状

从电池管理和应用的角度来看,虽然可以通过对电池电压、电流和温度的实时检测来估计电池的状态和输出特性,但仍缺乏有效的管理方法和控制策略来提高电池组的循环寿命。同时,由于各种耦合因素影响电池组的寿命,在不同的温度和充放电条件下运行时,电池系统的性能会严重下降。此外,大量串联、并联的电池限制了整个电池组的性能,从而导致电池组不一致和不同老化程度等问题,使电池组的性能和循环寿命总是远离实际应用的要求。有时,如果没有有效的管理,该电池组的循环次数甚至不到电池单体的一半[129]。

电池单体成组方式有串联或并联两种基本连接方法,但也是电池单体之间不一致性恶化的主要原因。电池组串联的温度、电流和放电深度是直接影响内部化学反应速率的关键因素,特别是串联内的温度分布和散热会直接降低电池组的性能[130-132]。传统电池组设计中的缺陷突出了电池供电设备中的两个主要问题:稀缺能量的耗尽和由于较差的系统能力导致的低能量转换效率。因此,大规模可重构电池组和相应的电池能量管理系统(BMS)成为有希望克服这些缺陷的解决方案[133]。文献[134]通过充放电正交实验,对不同串并联拓扑电池系统进行了对比研究,发现并联电池模组容量受单体内阻影响大,而串联电池模组容量受单体容量影响大。文献[135]在改变不一致电池位置的基础上,比较了2S4P(2-parallel 4-string,2并4串)和4S2P(4-string 2-parallel,4串2并)两种连接类型的电池组的性能,通过比较电池在所有排列方式时的初始容量,发现2S4P连接类型的初始容量比4S2P连接类型的初始容量更分散,但当两个包中的单元处于相同的位置时,前者容量总是高于后者的容量。文献[136]建立了自适应可重构多电池结构,实现了完全的可重构性,其中电池可以以串联、并联或串并联混合的方式连接。这样,单元级的动态操作成为可能,这导致更高的效率和更好的可靠性。文献[137]

提出了一个串联的可重构电池组,其中每两个开关连接一个电池来控制充电、放电和截止,与文献[136]相比,每个单元所需的开关数量显著减少,从而降低了系统框架的复杂性和成本。文献[138-139]提出一种新的电池连接系统,可以根据每个电池的状况自我重新配置、自我优化、自我平衡和自我修复,实现最佳的能量转换效率。

模组间一致性较差的电池模组,或者因类型、参数不同而无法进行串并联重组的电池模组,可通过柔性重组[140-141]实现退役电池模组的规模化应用。文献[142]针对柔性重组能量转换系统(Power Conversion System,PCS)拓扑,介绍了两种主要的拓扑结构:仅含 DC/AC 环节的 PCS、包含 DC/DC 和 DC/AC 环节的 PCS。前者结构简单,能耗相对较低,适于电网中分布式独立电源并网,但是系统体积大、造价高;后者适应性强,可实现对多串并联的电池模块的充放电管理,由于多了 DC/DC 环节,整个 PCS 系统的能量转换效率有所降低。文献[143-144]将模块化多级转换(Modular multilevel conversion,MMC)拓扑结构的 PCS 用于柔性重组,并在每个 MMC 子模块的直流侧增加双向 Buck/Boost 变换器,缓解了电流对电池寿命的影响。

1.3 锂电池发展前景

锂电池的细分市场主要为动力锂电池、储能锂电池和消费锂电池,其中,动力电池的下游应用领域主要为新能源汽车,储能电池的下游应用领域主要为电力系统,消费电池的下游应用领域主要为手机、电脑、家用电器等消费电子产品。

从全球锂电池产量来看,动力锂电池产量占据了主要的市场份额,达到了 70.8%,其次是消费锂电池,其产量占市场份额约为 22.2%,储能电池的市场份额最小,约为 7%。随着各国"碳达峰"战略的提出,全球各企业纷纷部署动力电池与储能电池生产线,新能源汽车与储能市场的蓬勃发展有望推动动力锂电池和储能锂电池的市场份额进一步提升。

《锂离子电池产业发展白皮书(2019 年)》显示,在全球电动汽车市场快速增长带动下,全球锂离子电池产量继续保持快速增长势头,2018 年全球锂离子电池产业规模首次突破 400 亿美元,达到 412 亿美元,同比增长 18.05%;2019 年全球锂电池产业规模达到 450 亿美元,同比增长 9%。近年来全球新能源汽车市场和储能市场同步提振,锂电池产量在 2022 年正式迈入 TWh 时代,开启了锂电产业新篇章。当前,随着国内外锂电池材料体系及基础前沿技术研究等方面飞速进展,锂电池技术研发能力、产能供应保障能力、产业链制造综合实力、回收循环绿色发展能力等均在迅速提升,有利于进一步促进锂电池行业高效健康发展。初步估计,2023 年全球动力电池产量将达到 1123 GWh,全球储能电池产量约为 212 GWh;2025 年全球锂电池总产量有望达到 2430 GWh。

第 2 章 退役动力电池模型及其参数辨识研究

建立退役动力电池模型并进行精确的模型参数辨识是退役动力电池 SOC 估计、寿命预测、一致性分析和重组技术研究的基础。本章将分析讨论不同种类的退役动力电池等效电路模型,并对不同类型的等效电路模型参数进行辨识,提出多种模型参数辨识方法并进行对比研究。

2.1 锂电池等效电路模型

锂电池模型的建立对于整个电池管理系统的意义非同一般,而由于现有的锂电池多种多样,对不同的锂电池需要不同的模型来进行研究分析。国内外的学者多年来提出了多种锂电池模型,总的来说,主要有三大类型,分别为电化学模型、黑箱模型以及等效电路模型。

电化学模型的构建原理,是将电池内部的化学反应过程使用非线性微分方程来表达,使用这种模型通常可以准确地抓住电池的特征,该方法主要用于锂电池的设计。然而,这种模型的建立需要非常详细的参数,如电池结构、化学材料、工作温度等,同时,这种模型还需要求解复杂的微分方程,在锂电池特性测试的实际应用中难度较大。所以目前的电化学模型都是简化模型,方便应用于电池管理系统中。

黑箱模型是一种描述电池电压响应特性的线性或非线性函数,它将关注点从电池内部机理转移到数据本身,这决定了它可以十分灵活地确定模型结构和进行参数辨识。当缺乏电池本质意义,黑箱模型建模的难点在于模型性能对训练数据的数量和质量很敏感,通常需要采取以数据为驱动的算法做支撑,如神经网络模型、支持向量回归等。

等效电路模型的构建原理简单,是通过电阻、电容和恒压源等电路中电子元件与电池的基本特征相互结合来构建模型。例如,一个电压源可以等效为电池的开路电压,电池的容量可以使用一个大电容来表示,电池的内阻可以使用一个可变电阻来表示等。使用这种模型,可以形象生动地描绘出电池的非线性动态特征,但是模型模拟精度低,在实际应用中应权衡各种等效电路模型的利弊,选择合适的电路模型。下面就几种常见等效电路模型进行详细介绍。

1. Rint 等效电路模型

Rint 等效电路模型(内阻等效模型)是由美国爱达荷国家实验室设计的一种较为简单的模型,只包括电池理想电压源 U_{oc} 和电池内阻 R_0。由于该模型没有考虑电池的极化特性,因此模型精度较低。锂电池的 Rint 等效电路模型可以认为是最简单的电池等效模型,但是由于电池内部电化学反应的复杂性,电池内部的欧姆内阻与电池的开路电压也在不断变化。因此,锂电池的 Rint 等效电路模型往往都是出现在一些简单的电池仿真分析当中,而在实际的应用中很少见到,其内部等效结构如图 2.1 所示。

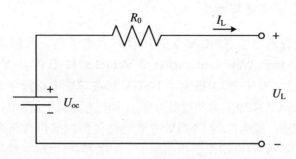

图 2.1 Rint 等效电路模型

电池端电压如式(2.1)所示。

$$U_L = U_{oc} - R_0 I_L \tag{2.1}$$

2. 一阶 RC 等效电路模型

一阶 RC 等效电路模型也称为 Thevenin 等效电路模型,与 Rint 等效电路模型相比,其改进之处在于添加了一个 RC 电路,用于表征锂电池工作情况下的极化效应。

一阶 RC 等效电路模型更能表征电池的动态响应,R_0 表示电池充放电瞬间电压响应的瞬时变化,RC 电路可以反映出充放电期间和结束后的电池电压逐渐变化现象。因为一阶 RC 等效电路模型不仅结构简单,而且能够满足仿真要求,所以在实际运用中经常采用电池一阶 RC 等效电路模型,使用 MATLAB/Simulink 来搭建仿真模型,再通过实验辨识的参数对仿真进行参数设置,最后进行实验与仿真对比。一阶 RC 等效电路模型如图 2.2 所示。

在该模型中 U_{oc} 为理想电压源,R_0 为欧姆内阻,R_p 为电池极化内阻,C_p 为极化电容,其中各个参数均是 SOC 和温度的函数。电池端电压

$$U_L = U_{oc} - R_0 I_L - U_p \tag{2.2}$$

此模型可以近似表示电池的外在特性,但是由于模型的阶数只有一阶,在实际应用中模型的动态计算结果与实际电池特性还是有比较大的误差。

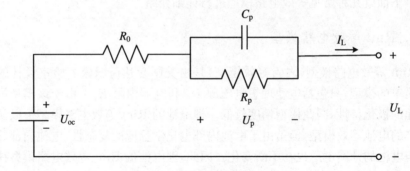

图 2.2　一阶 RC 等效电路模型

3. PNGV 等效电路模型

美国汽车研究理事会(USCAR)在 1993 年宣布了新一代汽车合作伙伴计划(the Partnership for a New Generation of Vehicles,PNGV),该组织在 2001 年发表的《PNGV 电池实验手册》中提出了 PNGV 标准等效电路模型,并且在 2003 年发表的《Freedom CAR 功率辅助型混合电动车电池测试手册》中提出了该模型参数辨识的标准方法。锂电池的 PNGV 等效电路模型内部包含两个电容和两个电阻,这种模型与 RC 等效电路模型相比多了一个电容,模型的特性考虑到了锂电池的开路电压(Open Circuit Voltage,OCV)在充放电过程中电流随着时间积累产生的误差。

PNGV 等效电路模型在 Thevenin 等效电路模型的基础上增加了负载电流对电池 OCV 影响的考虑。在该模型中 U_{oc} 用来表示电池的理想开路电压,C_b 为电池电容(表示负载电流 I_L 累积引起的 OCV 变化),R_0 为电池的欧姆内阻(经过的负载电流为 I_L),R_p 为电池的极化内阻(经过的极化电流为 I_p),C_p 为极化电容(表示负载电流 I_L 引起的极化电压 U_p 变化)。由于该电路模型涵盖了电池极化和欧姆内阻的特性,所以 PNGV 等效电路模型较为精准。PNGV 等效电路模型如图 2.3 所示。

PNGV 等效电路模型是一个典型的线性集总参数电路,可以用来预测电池在混合脉冲功率特性(HPPC)脉冲负载条件下的端电压变化。电池端电压如式(2.3)所示。

$$U_L = U_{oc} - R_0 I_L - U_p - U_b \tag{2.3}$$

电池放电时,电流对时间的累积引起 SOC 的变化,电池的开路电压也跟着变化,体现在模型上就是电容上的电压变化。电容的大小即表征了电池容量的大小,又表征了电池的直流响应,弥补了一阶 RC 等效电路模型的缺陷。为使得模型拟合出的曲线与真实电压曲线匹配程度更高,改进型的 PNGV 等效电路模型增加了一组 RC 电路,可以在曲线拟合过程中实现更好的匹配程度。PNGV 改进等效电路模型如图 2.4 所示。

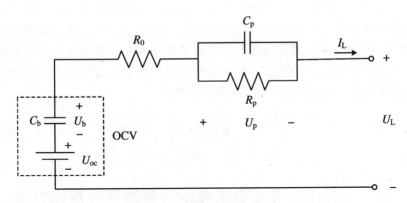

图 2.3 PNGV 等效电路模型

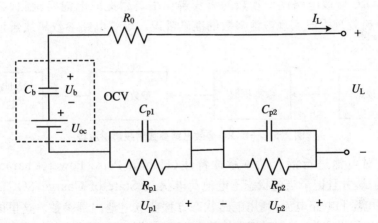

图 2.4 PNGV 改进等效电路模型

PNGV 改进等效电路模型端电压

$$U_L = U_{oc} - R_0 I_L - U_{p1} - U_{p2} - U_b \tag{2.4}$$

为了更全面地表达电池外特性,还可以在上述典型电池模型的基础上继续优化,比如将自放电因素、滞回特性等都通过电路的形式表达出来,但这势必会增加模型的复杂度和模型应用的难度。具体模型优化可以先采用典型模型进行参数辨识,再根据模型与实际的差异做出有针对性的改进。

2.2 锂电池一阶 RC 等效电路模型参数辨识方法研究

一阶 RC 等效电路模型使用电阻、电压、恒压源等电路元件组成电路网络来描述电池的外特性,其中欧姆内阻 R_0 能够表征电池充放电瞬间电压响应的瞬时变化,RC 电路可以反映出充放电期间和结束后的电池电压逐渐变化现象。等效电路模型对动力电池的各种工作状态有较好的适应性,而且可以推导出模型的状态方程,便于分析和应用。根据基尔霍夫电压定律和基尔霍夫电流定律以及电容电压变化及其电流关系,可以得出一阶等效电路模型的状态方程如式(2.5)所示,后面将根据此电路模型的状态方程进行各参数辨识。

$$\begin{cases} \dot{U}_p = -\dfrac{U_p}{R_p C_p} + \dfrac{I_L}{C_p} \\ U_L = U_{oc} - R_0 I_L - U_p \end{cases} \tag{2.5}$$

2.2.1 一阶 RC 等效电路模型参数的离线辨识方法

一阶 RC 等效电路模型参数的离线辨识主要靠提取电池实验测试数据,通过数据分析处理手段实现电池参数的准确辨识。等效电路参数离线辨识流程如图 2.5 所示。

图 2.5 一阶 RC 等效电路参数离线辨识流程

通常对电池进行混合功率脉冲特性(Hybrid Pulse Power Characteristic, HPPC)测试,并且记录当前状态下电池荷电状态(State of Charge,SOC)、模拟电路的开路电压和电路电流,利用电路状态方程获取电池内部参数。这里的 HPPC 测试实验过程设定为:首先对锂电池放电 10 s,搁置 40 s 再充电 10 s,再搁置 40 s,整个过程都是对锂电池进行 1 A 电流的间歇恒流放电。在循环测试中,让锂电池在等间隔 SOC 点进行复合脉冲实验,选取 SOC 为 $0.1,0.2,\cdots,0.9$,相邻脉冲间实验间隔 1 h(电池以 1 C 电流放电 6 min,SOC 值下降 0.1)。HPPC 测试电压响应曲线如图 2.6 所示,单次 HPPC 实验循环测试流程中电压响应曲线如图 2.7 所示。

在电池恒流充放电过程中,$U_1 \sim U_5$ 段反映电池放电特性,$U_5 \sim U_9$ 段反映电池充电特性,由于电池采用恒流充放电方式,故充放电过程中电池特性变化具有高度一致性,所以下面只展示 $U_1 \sim U_5$ 段电池放电过程中参数辨识分析,$U_5 \sim U_9$ 段分析过程与之类似。下面给出锂电池一阶 RC 等效电路模型各参数的计算方法。

(1) R_0 的辨识

由于电池欧姆内阻的影响,在电池放电开始瞬间以及放电截止瞬间,电压迅速发生改变,进而可以得到电池欧姆内阻的计算方法:

$$R_0 = \dfrac{|U_1 - U_2| + |U_3 - U_4|}{2I} \tag{2.6}$$

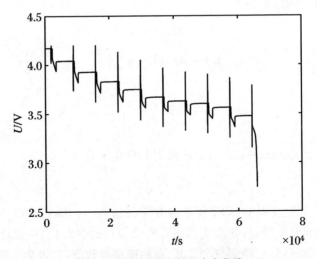

图 2.6 HPPC 测试电压响应曲线

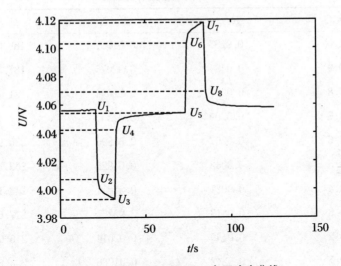

图 2.7 SOC=0.9 时 HPPC 电压响应曲线

式中,I 为恒流充放电电流。

(2) R_p 和 C_p 的辨识

U_2U_3 段表现出电压快速下降变化,这是由 RC 回路中极化电容 C_p 引起的,此时电路处于零状态响应阶段,得到极化内阻

$$R_p = \frac{U_2 - U_3}{I} \tag{2.7}$$

而 U_4U_5 段因为电池停止放电,负载电流消失,欧姆内阻效应消失,随着 RC 回路极化电容 C_p 的影响,电压缓慢回升,这是由等效电路模型中 RC 回路的零输入响应引起的,也即 RC 回路在经过电池储能后向电池电路回馈能量,导致电压上

升,此时 U_4,U_5 的计算如下:

$$U_4 = U_1(1 - e^{-\frac{t_4}{\tau}}) \quad (2.8)$$

$$U_5 = U_1(1 - e^{-\frac{t_5}{\tau}}) \quad (2.9)$$

时间常数

$$\tau = -\frac{\Delta t_4 - \Delta t_5}{\ln\dfrac{U_1 - U_5}{U_1 - U_4}} \quad (2.10)$$

式中,$\Delta t_4 = t_4 - t_1$,$\Delta t_5 = t_5 - t_1$。从而得到极化电容

$$C_p = \frac{\tau}{R_p} \quad (2.11)$$

在 HPPC 实验过程中 SOC 每下降 0.1 便进行一次参数辨识,选取不同 SOC 状态中的脉冲实验关键点,使用式(2.6)、式(2.7)和式(2.11)可以计算出一阶 RC 模型中的各参数值,最后得到每个 SOC 点的模型参数值,如表 2.1 所示。

表 2.1 离线参数辨识结果

SOC	R_0/Ω	R_p/Ω	C_p/F
1.0	0.0257	0.01907	188.614
0.9	0.0484	0.02076	187.559
0.8	0.0077	0.02094	181.184
0.7	0.0209	0.02305	177.440
0.6	0.0257	0.01896	230.960
0.5	0.0043	0.01926	263.292
0.4	0.0021	0.01811	243.125
0.3	0.0413	0.02264	217.668
0.2	0.0449	0.02014	215.094
0.1	0.0242	0.01936	203.512

从表 2.1 中分析发现,欧姆内阻随着 SOC 的减小缓慢增大,变化幅度较小,变化速率缓慢。极化内阻随着 SOC 下降缓慢减小,当 SOC 低于 0.15 后急剧增大,且加速度也在增加。长时间搁置后极大地减小了极化效应和欧姆内阻对电池端电压的影响,此时测得的电池端电压即为开路电压(OCV),从 SOC = 1.0 到 SOC = 0.85 的阶段,锂电池端电压下降迅速,SOC 每减少 0.05,OCV 下降 0.04~0.06 V。SOC 在 0.85~0.15 之间进入稳定期,SOC 每减少 0.05,OCV 下降基本稳定在 0.03 V 以内,电压波动小。SOC<0.15 后,随着电池放电,OCV 下降非常迅速,电压波动很大。实验结果表明,当 SOC<0.15 时,即锂电池深度放电后,电池内部化学反应剧烈,各参数均剧烈变化。

在 MATLAB/Simulink 中建立锂电池一阶 RC 等效电路模型参数离线辨识系统，系统结构具体如图 2.8 所示。图 2.8(a) 中，一阶 RC 等效电路模型参数离线辨识系统主要包括 3 个子系统：SOC 子系统、离线参数子系统和锂电池一阶 RC 等效电路模型子系统。其中 SOC 子系统由安时积分计算 SOC 得到。图 2.8(b) 表示离线参数子系统，由表 2.1 中各参数与 SOC 关系以及 OCV-SOC 组成，主要是通过 Lookup Table 模块构成。图 2.8(c) 则是一阶 RC 等效电路模型子系统，由一阶 RC 等效电路构成。

除 3 个子系统外，锂电池一阶 RC 等效电路模型参数离线辨识系统中还有两个 Signal Builder 模块：HPPC 模块和电压输入模块。HPPC 模块作为整个离线辨识系统的唯一输入，存放了 HPPC 实验中的充放电电流数据；电压输入模块为电池 HPPC 测试实验时电压数据，用来直观表现参数验证过程中离线辨识系统输出电压值与真实值的对比。实验电压和电流变化曲线如图 2.9 所示，锂电池 SOC 每降低 0.1，便进行一次脉冲充放电实验，以此获得不同 SOC 状态下电池的动态响应特性。

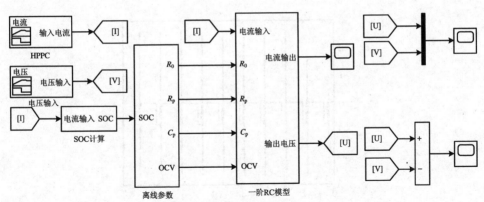

(a) 锂电池一阶RC等效电路模型参数离线辨识系统总图

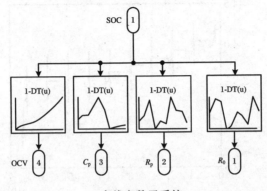

(b) 离线参数子系统

图 2.8　锂电池一阶 RC 等效电路模型参数离线辨识系统

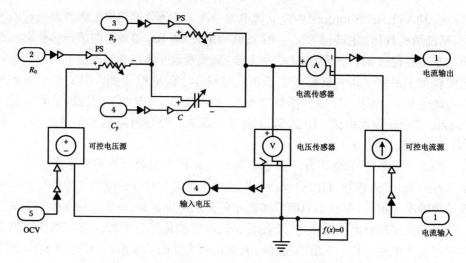

(c) 锂电池一阶RC等效电路模型子系统

图 2.8　锂电池一阶 RC 等效电路模型参数离线辨识系统(续)

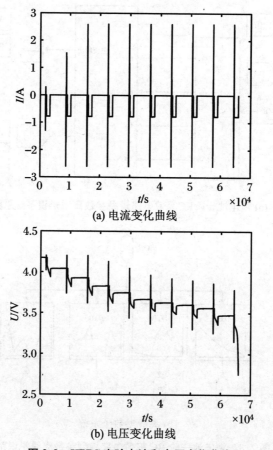

(a) 电流变化曲线

(b) 电压变化曲线

图 2.9　HPPC 实验电流和电压变化曲线

为验证所提锂电池一阶 RC 等效电路模型参数离线辨识方法的准确性,将 HPPC 实验电流、电压数据导入 MATLAB/Simulink 所构建的离线辨识系统中,并进行实验验证。将辨识模型端电压与实际端电压进行比较,对比变化结果以及误差如图 2.10 所示。

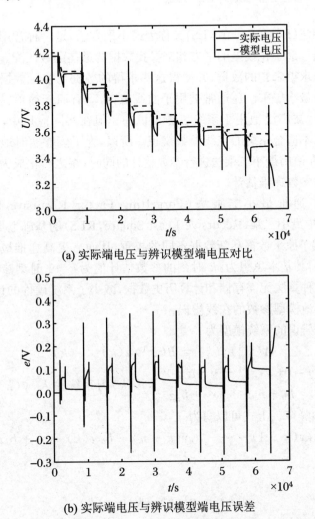

(a) 实际端电压与辨识模型端电压对比

(b) 实际端电压与辨识模型端电压误差

图 2.10　锂电池一阶 RC 等效电路模型参数离线辨识系统效果验证

图 2.10(a)为 HPPC 实验条件下,电池模型端电压估计值与实际值之间的比较,图 2.10(b)为仿真电压与实际电压误差。对图 2.10 所示的仿真电压与实际电压误差曲线进行分析可得,误差曲线在电流脉冲到来的一瞬间电池端电压发生突变,导致同一时刻下端电压的实际值与仿真电压值的误差增大到 0.3~0.4 V。当电池 SOC<0.2 后,由于电池接近放电结束,其内部电化学反应产生剧烈变化,电池模型中各参数值均发生很大变化,此时端电压的实际值与仿真电压值的误差较

大。SOC 在 0.1~1 范围内变化时,误差总体在 0.1 V 左右。

2.2.2 基于遗忘因子递推最小二乘法的一阶 RC 等效电路模型参数辨识方法

最小二乘法(Least Square,LS)又称为最小平方法,是一种常用的数学优化方法。该方法通过最小化误差的平方和来寻找数据的最佳函数匹配。利用最小二乘法可以简便地求得未知的数据,并使得这些求得的数据与实际数据之间误差的平方和为最小。最小二乘法还通常被用于曲线拟合,具有原理简单、易实现、辨识收敛性快等优点,被广泛地用于系统参数辨识中。但在实际应用中,由于其计算量大,占内存大,不适合系统的在线参数辨识。所以,为了能够实时地进行动态系统的参数辨识,在使用最小二乘法进行参数估计的同时,将之转化成为一种更加有效且计算量小的参数递推估计。

遗忘因子递推最小二乘法(Forgetting Factor Recursive Least Square,FFRLS)在递推最小二乘(Recursive Least Square,RLS)的基础上加入遗忘因子,遗忘因子 λ 赋予原来数据和新数据不同的权重,从而来提高递推最小二乘算法的在线估计能力,其基本思想为:k 时刻的参数估计值为 $k-1$ 时刻参数的估计值加上修正量。这种算法无需存储和计算历史数据,减小了系统硬件的计算量,能够很好地实现锂电池模型参数的在线辨识。

假设需要辨识的系统模型为

$$A(z^{-1})y(k) = B(z^{-1})u(k) + e(k) \tag{2.12}$$

其中,$\begin{cases} A(z^{-1}) = 1 + a_1 z^{-1} + \cdots + a_n z^{-n} \\ B(z^{-1}) = b_0 + b_1 z^{-1} + \cdots + b_n z^{-n} \end{cases}$,$u(k)$ 为系统输入,$y(k)$ 为系统输出,$e(k)$ 为系统白噪声。上式可以写为

$$y(k) = -a_1 y(k-1) - \cdots - a_n y(k-n) + b_0 u(k) + \cdots + b_n u(k-n) \tag{2.13}$$

也即

$$y(k) = \boldsymbol{\varphi}^\mathrm{T}(k)\boldsymbol{\alpha}(k) + e(k) \tag{2.14}$$

其中,$\boldsymbol{\varphi}(k) = [y(k-1), y(k-2), \cdots, y(k-n)]^\mathrm{T}$ 为数据向量,$\boldsymbol{\alpha} = [-a_1, -a_2, \cdots, b_0, b_1, \cdots, b_n]^\mathrm{T}$ 为待估参数向量。引入最小二乘准则,取准则函数

$$J(\boldsymbol{\alpha}) = \sum_{k=n+1}^{n+N} (y(k) - \boldsymbol{\varphi}^\mathrm{T}(k)\boldsymbol{\alpha})^2 = \min \tag{2.15}$$

求得的 $\hat{\boldsymbol{\alpha}}$ 即为系统的最小二乘估计值,在实际的仿真过程中,需要不断地输入和输出最新的实验数据,通过不断的迭代过程来提高参数的精度。

FFRLS 算法的具体递推公式如式(2.16)~式(2.20)所示。

$$K(k) = P(k-1)\boldsymbol{\varphi}^\mathrm{T}(k)[\boldsymbol{\varphi}^\mathrm{T}(k)P(k-1)\boldsymbol{\varphi}(k) + \lambda]^{-1} \tag{2.16}$$

$$P(k) = \lambda^{-1}[P(k-1) - K(k)\boldsymbol{\varphi}^{\mathrm{T}}(k)P(k-1)] \tag{2.17}$$

$$\hat{\boldsymbol{\alpha}}(k) = \hat{\boldsymbol{\alpha}}(k-1)K(k)\varepsilon(k) \tag{2.18}$$

$$\varepsilon(k) = y(k) - \hat{y}(k) \tag{2.19}$$

$$\hat{y}(k) = \boldsymbol{\varphi}^{\mathrm{T}}(k)\hat{\boldsymbol{\alpha}}(k-1) \tag{2.20}$$

式(2.16)~式(2.20)中,$y(k)$为k时刻的实际观测值,$\hat{y}(k)$为k时刻的系统估计值,$\varepsilon(k)$为系统的预测误差,$K(k)$为算法的增益,将增益与预测误差相乘得到k时刻预测值的修正值,$P(k)$为状态估计值的误差协方差矩阵。其中,当λ为1时,FFRLS算法即为传统的递推最小二乘法,λ越接近1,参数的误差也就越小。

FFRLS算法步骤如下:

(1) 确定被辨识系统的模型结构,即确定$A(z^{-1})$,$B(z^{-1})$的阶次;

(2) 初始化$\hat{\boldsymbol{\alpha}}(0)$和$P(0)$,一般取$\hat{\boldsymbol{\alpha}}(0) = 0$,$P(0) = E\beta$,$E$为单位阵,$\beta$为一个很大的数,在$10^5 \sim 10^{10}$之间;

(3) 采样获得输入数据$u(k)$,并与前一时刻数据构成$\boldsymbol{\varphi}(k)$;

(4) 计算增益$K(k)$和协方差矩阵$P(k)$,以及k时刻参数估计值$\hat{\boldsymbol{\alpha}}(k)$;

(5) 采样时刻k加1,转到步骤(3)循环,直到估计完所有参数。

电池一阶RC等效电路模型如图2.2所示。U_{∞}为理想电压源,R_0为欧姆内阻,R_p为电池极化内阻,C_p为极化电容。由基尔霍夫电压定律可得,电路KVL方程为

$$U_{\mathrm{L}} = U_{\infty} - R_0 I_{\mathrm{L}} - U_{\mathrm{p}} \tag{2.21}$$

将FFRLS算法运用到电池参数辨识中,对一阶RC等效电路模型进行参数辨识。将电池模型KVL方程转换为频域形式:

$$U_{\infty}(s) - U_{\mathrm{L}}(s) = \left(R_0 + \frac{R_{\mathrm{p}}}{1 + R_{\mathrm{p}} C_{\mathrm{p}} S}\right) I_{\mathrm{L}}(s) \tag{2.22}$$

令$\tau = R_{\mathrm{p}} C_{\mathrm{p}}$,$y = U_{\infty} - U_{\mathrm{L}}$,并利用双线性变换公式,即

$$S = \frac{2}{T_{\mathrm{s}}} \frac{z-1}{z+1} \tag{2.23}$$

将式(2.22)映射到Z平面,随后将其转化到离散时域中得到

$$U_{\mathrm{L}} = (1 - \alpha_1) U_{\infty} + \alpha_1 U_{\mathrm{L}}(k-1) + \alpha_2 I_{\mathrm{L}}(k) + \alpha_3 I_{\mathrm{L}}(k-1) \tag{2.24}$$

其中

$$\alpha_1 = -\frac{2\tau - T_{\mathrm{s}}}{2\tau + T_{\mathrm{s}}} \tag{2.25}$$

$$\alpha_2 = \frac{2R_0 \tau + (R_0 + R_{\mathrm{P}}) T_{\mathrm{s}}}{2\tau + T_{\mathrm{s}}} \tag{2.26}$$

$$\alpha_3 = \frac{(R_0 + R_{\mathrm{P}}) T_{\mathrm{s}} - 2R_0 \tau}{2\tau + T_{\mathrm{s}}} \tag{2.27}$$

将$\boldsymbol{\alpha}(k) = [(1-\alpha_1) U_{\infty}, \alpha_1, \alpha_2, \alpha_3]^{\mathrm{T}}$作为系统的参数变量,$\boldsymbol{\varphi}(k) = [1, U_{\mathrm{L}}(k-1),$

$I_L(k), I_L(k-1)]^T$ 作为数据向量。利用 FFRLS 算法对 $\alpha(k)$ 进行实时估算,进而根据式(2.28)~式(2.30)即可得到电池模型的各参数。

$$R_0 = \frac{\alpha_2 - \alpha_3}{1 - \alpha_1} \tag{2.28}$$

$$R_p = \frac{2(\alpha_3 - \alpha_1 \alpha_2)}{1 - \alpha_1^2} \tag{2.29}$$

$$C_p = \frac{T_s(1 - \alpha_1)^2}{4(\alpha_3 - \alpha_1 \alpha_2)} \tag{2.30}$$

以动态应力测试(Dynamic stress test,DST)实验为基础,实验电压及电流变化曲线如图 2.11 所示。

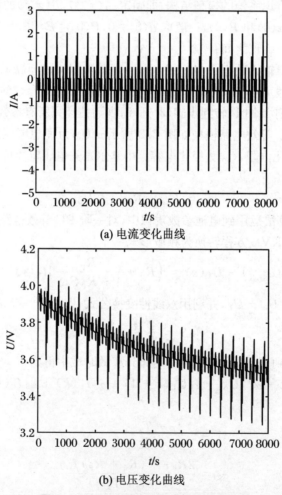

(a) 电流变化曲线

(b) 电压变化曲线

图 2.11 DST 实验电流和电压变化曲线

运用上述参数辨识推导过程,根据动态应力测试(Dynamic stress test,DST)实验数据,在 MATLAB 中建立基于 FFRLS 算法的锂电池一阶 RC 等效电路模型参数辨识系统,并进行仿真实验,得到基于 FFRLS 的一阶 RC 等效电路模型参数的辨识结果如图 2.12 所示。

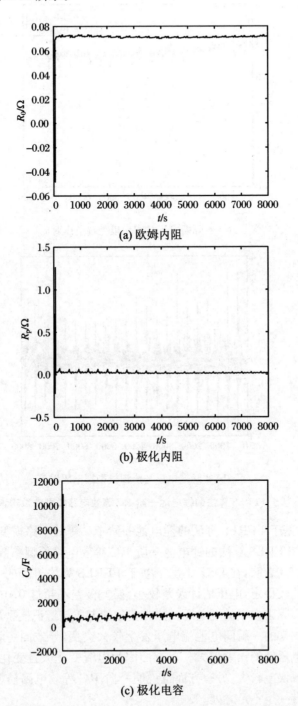

图 2.12 基于 FFRLS 算法的锂电池一阶 RC 等效电路模型参数辨识结果

实际端电压与辨识模型端电压进行比较,其对比结果如图 2.13 所示。

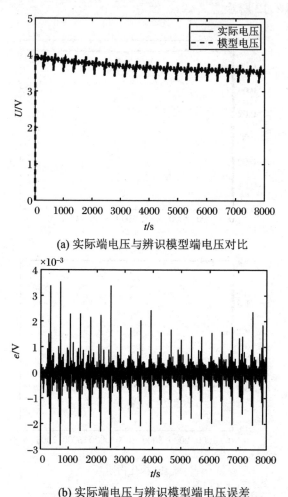

(a) 实际端电压与辨识模型端电压对比

(b) 实际端电压与辨识模型端电压误差

图 2.13　基于 FFRLS 算法的锂电池一阶 RC 等效电路模型参数辨识效果验证

图 2.12 为基于 FFRLS 算法的锂电池一阶 RC 等效电路模型参数辨识结果,图 2.13 为基于 FFRLS 算法的锂电池一阶 RC 等效电路模型参数辨识效果验证。图 2.12 和图 2.13 表明,在 DST 工况下基于 FFRLS 算法得到的一阶 RC 等效电路模型参数值比较稳定,电压估计误差较小,误差极差不超过 0.0134 V,基本能够表征锂电池在实际工作中的端电压。同时实际端电压与辨识模型端电压误差曲线在大电流脉冲到来的一瞬间电池端电压发生较大突变,导致同一时刻下端电压的实际值与仿真电压值的误差增大。一方面因为电流变化大且变化快,在参数辨识时反应滞后导致误差较大;另一方面也说明一阶 RC 等效电路模型在反应电池动态特性变化时有一定不足之处。

2.2.3 基于自适应遗忘因子的递推最小二乘法一阶RC等效电路参数辨识方法

在 FFRLS 算法中，遗忘因子 λ 是一个很重要的参数，它对新旧数据赋予不同的权重，对运行时间长的旧数据给予较小的权重，而最新的数据则占据较大的权重。所以遗忘因子的取值很重要，当取值过大或取 1 时，将会导致参数的辨识结果对系统输入的变化不敏感，有时当前时刻的模型参数已经发生了变化，但是算法依旧取信于之前的辨识结果，这会使得辨识出的参数无法随着模型状态的变化而变化，导致参数辨识的精度下降。当取值过小或取 0 时，算法所能够参考的数据点过少，可能造成辨识结果产生很大的误差。

以上分析表明不同的遗忘因子值对参数辨识结果影响较大，在变化复杂的工况时希望遗忘因子能自由变化来应对这种不平稳的状态。因此，这里提出自适应遗忘因子递推最小二乘法（Adaptive Forgetting Factor Recursive Least Square，AFFRLS）。自适应遗忘因子表达式如下：

$$\lambda(k) = \lambda_{\min} + (1 - \lambda_{\min}) * h^{\varepsilon(k)}$$

$$\varepsilon(k) = \text{round}\left(\left(\frac{e(k)}{e_{\text{base}}}\right)^2\right) \tag{2.31}$$

其中，$\lambda_{\min}$ 为遗忘因子 λ 的最小值，h 表示灵敏系数，$e(k)$ 是 k 时刻算法估计误差，e_{base} 则表示算法估计允许误差，round(x) 表示取整函数。

将自适应遗忘因子 λ 算法运用到上述参数辨识推导过程中，并在 MATLAB 中构建基于 AFFRLS 算法的锂电池一阶 RC 等效电路模型参数辨识系统，得到的参数辨识结果以及端电压误差分别如图 2.14 和图 2.15 所示。

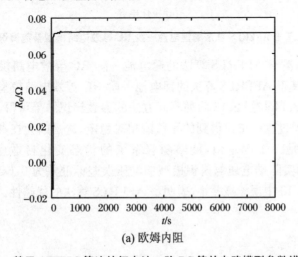

(a) 欧姆内阻

图 2.14　基于 AFFRLS 算法的锂电池一阶 RC 等效电路模型参数辨识结果

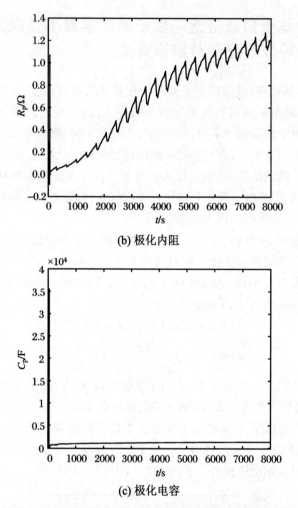

图 2.14 基于 AFFRLS 算法的锂电池一阶 RC 等效电路模型参数辨识结果(续)

图 2.14 为基于 AFFRLS 算法的锂电池一阶 RC 等效电路模型参数辨识结果,图 2.15 为基于 AFFRLS 算法的锂电池一阶 RC 等效电路模型参数辨识效果验证。对比图 2.14 与图 2.12 两种不同方法的参数辨识结果可得,AFFRLS 算法在电池参数辨识过程中辨识得到的参数值相对稳定,这是因为在参数辨识过程中遗忘因子不再是一个固定值,能够随着系统的状态变化自适应调节其大小。图 2.15 所示的实际端电压与辨识模型端电压误差标准差为 0.6442 mV,极差为 0.01 V,比图 2.13 中误差极差小,表明了 AFFRLS 算法的优越性。

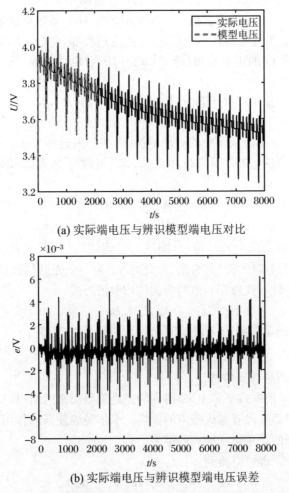

(a) 实际端电压与辨识模型端电压对比

(b) 实际端电压与辨识模型端电压误差

图 2.15 基于 AFFRLS 算法的锂电池一阶 RC 等效电路模型参数辨识效果验证

2.2.4 基于卡尔曼滤波算法的一阶等效电路模型参数辨识方法

卡尔曼滤波(Kalman Filtering)是一种利用线性系统状态方程,通过系统输入输出观测数据,对系统状态进行最优估计的算法。卡尔曼滤波算法除了可以用于动态系统的状态估计外,还可以用于动态系统参数的在线估计,特别是对于时变系统中参数的估计。

假设系统状态方程和测量方程分别为

$$x_k = Ax_{k-1} + Bu_{k-1} + w_{k-1} \tag{2.32}$$

$$z_k = Hx_k + v_k \tag{2.33}$$

其中，x_k 为状态变量，A 为其状态矩阵，B 为控制矩阵，u_{k-1} 是控制（输入）量，w_{k-1} 代表过程噪声；z_k 为测量值，v_k 为测量噪声，H 为系统观测矩阵。

由于 w_{k-1} 是不可测的且不确定的，常假定过程噪声概率 $P(w)$ 的分布满足期望为 0，协方差为 Q 的正态分布，即 $P(w) \sim (0, Q)$，Q 是 $w * w^T$ 的期望，表示为 $Q = E[w * w^T]$。

同样认为 v_k 满足一种正态分布，即 $P(v) \sim (0, R)$，$R = E[v * v^T]$，其中，R 代表 v_k 的协方差。

由于 x_k 和 z_k 都是现实中的一种情况，而在建模过程中 w_{k-1} 和 v_k 是无法建模的，也即不可测的，故式(2.32)和式(2.33)可改写为式(2.34)和式(2.35)的形式。

$$x_k = Ax_{k-1} + Bu_{k-1} \tag{2.34}$$

$$z_k = Hx_k \tag{2.35}$$

此时 x_k 的表达是不完整的，只能是一个估计值，其次由于没有做任何处理，式(2.34)只是根据式(2.32)得来的，故此时 x_k 为一个先验估计值，表示为 $\hat{x}_k^-$（加"-"表示先验估计），式(2.34)改写为式(2.36)的形式：

$$\hat{x}_k^- = A\hat{x}_{k-1} + Bu_{k-1} \tag{2.36}$$

由于 z_k 是测量得到的，则由式(2.35)可以得到式(2.37)。

$$\hat{x}_{k\text{mea}} = H^{-1} z_k \tag{2.37}$$

式中，$\hat{x}_{k\text{mea}}$ 表示测量得到的估计。

无论是估计（根据式子算出来）得到的还是测量出来的结果，都是不准确的，因为在建模过程中都是没有考虑噪声的影响。卡尔曼滤波器的作用就体现在如何通过两个不太准确的结果得到准确的结果。

由数据融合原理可以得到

$$\hat{x}_k = \hat{x}_k^- + G(H^{-1} z_k - \hat{x}_k^-) \tag{2.38}$$

$\hat{x}_k$ 表示后验估计（最终得到的估计值），将 $G = K_k H$，$G \in (0, 1)$ 代入式(2.38)得到

$$\hat{x}_k = \hat{x}_k^- + K_k(z_k - H\hat{x}_k^-) \tag{2.39}$$

此时 $K_k \in (0, H^{-1})$。

为了寻找合适的 K_k 使得误差最小，即使估计值趋近实际值 $\hat{x}_k \to x_k$。引入误差 $e_k = x_k - \hat{x}_k$，同样假定其满足正态分布，则 $P(e_k) \sim (0, P)$，P 代表其协方差，也称为误差协方差，则 $P = E[e * e^T]$。希望选取合适的 K_k 使 P 的迹 $\text{tr}(P)$ 最小。

由 $P_k = E[e_k * e_k^T]$，代入 $e_k = x_k - \hat{x}_k$，$\hat{x}_k = \hat{x}_k^- + K_k(z_k - H\hat{x}_k^-)$，$z_k = Hx_k + v_k$ 得到

$$P_k = E\{[(I - K_k H)(x_k - \hat{x}_k^-) - K_k v_k] \cdot [(I - K_k H)(x_k - \hat{x}_k^-) - K_k v_k]^T\} \tag{2.40}$$

其中，$e_k^- = x_k - \hat{x}_k^-$，则式(2.40)改为

$$P_k = E\{[(I - K_kH) \cdot e_k^- - K_kv_k] \cdot [(I - K_kH) \cdot e_k^- - K_kv_k]^T\} \tag{2.41}$$

将式(2.41)展开得到

$$\begin{aligned}P_k = E[&(I - K_kH) \cdot e_k^- \cdot (e_k^-)^T \cdot (I - K_kH)^T \\ &- (I - K_kH) \cdot e_k^- \cdot v_k^T \cdot K_k^T + K_k \cdot v_k \cdot (e_k^-)^T \cdot (I - K_kH)^T \\ &+ K_k \cdot v_k \cdot v_k^T \cdot K_k^T]\end{aligned} \tag{2.42}$$

由于 $e_k^- = x_k - \hat{x}_k^-$ 与 v_k 相互独立，且期望都为 0，则

$$E[(I - K_kH) \cdot e_k^- \cdot v_k^T \cdot K_k^T] = (I - K_kH) \cdot E[e_k^- \cdot v_k^T] \cdot K_k^T = 0 \tag{2.43}$$

$$E[K_k \cdot v_k \cdot (e_k^-)^T \cdot (I - K_kH)^T] = K_k \cdot E[v_k \cdot (e_k^-)^T] \cdot (I - K_kH)^T = 0 \tag{2.44}$$

从而得到

$$P_k = (I - K_kH) \cdot E[e_k^- \cdot (e_k^-)^T] \cdot (I - K_kH)^T + K_k \cdot E[v_k \cdot (v_k)^T] \cdot K_k^T \tag{2.45}$$

又因为 $E[e_k^- \cdot (e_k^-)^T] = P_k^-$，$E[v_k \cdot (v_k)^T] = R$，故式(2.45)可写为

$$P_k = (I - K_kH) \cdot P_k^- \cdot (I - K_kH)^T + K_k \cdot R \cdot K_k^T \tag{2.46}$$

将式(2.46)化简为

$$P_k = E[e_k * e_k^T] = P_k^- - P_k^- H^T K_k^T - K_k H P_k^- + K_k H P_k^- H^T K_k^T + K_k R_k K_k^T \tag{2.47}$$

要使 $\text{tr}(P)$ 最小，则 $\text{tr}(P)$ 对 K_k 求导并令其为零，得到

$$-(P_k^-)^T H^T + K_k(HP_k^- H^T + R_k) = 0 \tag{2.48}$$

由于协方差矩阵的转置依然是它本身，故

$$K_k = \frac{P_k^- H^T}{HP_k^- H^T + R_k} \tag{2.49}$$

显然 K_k 与 R 有关。当 $R\uparrow$，$K\to 0$；更相信估计（算）结果，即 $\hat{x}_k^-$；当 $R\downarrow$，$K\to H^{-1}$；更相信测量结果，即 $\hat{x}_{kmea} = H^{-1}z_k$。

将 $e_k^- = x_k - \hat{x}_k^-$，$x_k = Ax_{k-1} + Bu_{k-1} + w_{k-1}$，$\hat{x}_k^- = A\hat{x}_{k-1} + Bu_{k-1}$ 代入 $P_k^- = E[e_k^- * (e_k^-)^T]$，得到

$$P_k^- = E[e_k^- * (e_k^-)^T] = E[(Ae_{k-1} + w_{k-1})(Ae_{k-1} + w_{k-1})^T] \tag{2.50}$$

将式(2.50)化简得到

$$P_k^- = AE[e_{k-1}e_{k-1}^T]A^T + E[w_{k-1}w_{k-1}^T] = AP_{k-1}A^T + Q \tag{2.51}$$

由式(2.47)，代入 K_k 表达式可以得到

$$P_k = (I - K_kH)P_k^- \tag{2.52}$$

综上，卡尔曼滤波有两步：预测和校正。

第一步预测，包括先验估计和先验误差协方差。

$$\begin{cases} \hat{x}_k^- = A\hat{x}_{k-1} + Bu_{k-1} \\ P_k^- = AP_{k-1}A^T + Q \end{cases} \tag{2.53}$$

第二步校正,包括计算卡尔曼增益、计算后验估计和更新误差协方差。

$$\begin{cases} \hat{x}_k = \hat{x}_k^- + K_k(z_k - H\hat{x}_k^-) \\ K_k = \dfrac{P_k^- H^T}{HP_k^- H^T + R_k} \\ P_k = (I - K_k H)P_k^- \end{cases} \tag{2.54}$$

运用卡尔曼滤波解决问题时,首先便是根据已知条件确定状态变量 x_k、状态矩阵、测量值和系统观测矩阵。下面将卡尔曼滤波算法应用于锂电池一阶 RC 等效电路模型参数辨识。

一阶 RC 等效电路模型如图 2.2 所示。模型的基尔霍夫电压定律表达式如下:

$$U_L = U_{oc} - U_o - U_p \tag{2.55}$$

其中,U_L 表示端电压,U_{oc} 表示开路电压,$U_o = R_0 I$ 表示欧姆电阻两端的电压,U_p 表示 RC 回路的极化电压。应用拉普拉斯变换可以得到其对应的频域表达式:

$$U_{oc}(s) - U_L(s) = \left(R_0 + \dfrac{R_p}{1 + R_p C_p S}\right)I_L(s) \tag{2.56}$$

令 $\tau = R_p C_p$,$y = U_{oc} - U_L$,并利用双线性变换公式,即

$$S = \dfrac{2}{T_s}\dfrac{z - 1}{z + 1} \tag{2.57}$$

将式(2.56)离散化得到

$$y(k) = -\alpha_1 y(k-1) + \alpha_2 I_L(k) + \alpha_3 I_L(k-1) \tag{2.58}$$

其中

$$\alpha_1 = -\dfrac{2\tau - T_s}{2\tau + T_s} \tag{2.59}$$

$$\alpha_2 = \dfrac{2R_0\tau + (R_0 + R_p)T_s}{2\tau + T_s} \tag{2.60}$$

$$\alpha_3 = \dfrac{(R_0 + R_p)T_s - 2R_0\tau}{2\tau + T_s} \tag{2.61}$$

将 $\alpha_1, \alpha_2, \alpha_3$ 三个参数作为系统状态变量,即

$$x = \begin{bmatrix} \alpha_1 \\ \alpha_2 \\ \alpha_3 \end{bmatrix} \tag{2.62}$$

则状态转移矩阵

$$A = \begin{bmatrix} 1 & 0 & 0 \\ 0 & 1 & 0 \\ 0 & 0 & 1 \end{bmatrix} \tag{2.63}$$

系统观测矩阵 $H = [y(k-1), I(k), I(k-1)]$，测量值为 $y(k)$。由卡尔曼滤波算法过程对电池模型进行参数辨识，再由参数辨识结果推导参数 R_0, R_p 和 C_p，推导如下：

$$R_0 = \frac{\alpha_2 - \alpha_3}{1 - \alpha_1} \tag{2.64}$$

$$R_p = \frac{2(\alpha_3 - \alpha_1 \alpha_2)}{1 - \alpha_1^2} \tag{2.65}$$

$$C_p = \frac{T_s(1 - \alpha_1)^2}{4(\alpha_3 - \alpha_1 \alpha_2)} \tag{2.66}$$

根据以上参数辨识算法的推导过程，在 MATLAB 中构建基于卡尔曼滤波算法的锂电池一阶 RC 等效电路模型参数辨识系统，核心算法实现代码如下：

```
for  k = 2:ts-1
    H = [y2(k),I1(k),I2(k)];
    Xn = A * Xkf(:,3);
    P1 = A * P0 * A′;
    K = P1 * H′ * inv(H * P1 * H′+ R);
    Xkf(:,k) = Xn + K * (y1(k) - H * Xn);
    P0 = (eye(3) - K * H) * P1;
    V_out = V_real - H * Xkf(:,k);
    e(k) = H * Xkf(:,k);
    R0(k,1) = (Xkf(2,k) - Xkf(3,k))/(1 - Xkf(1,k));
    R1(k,1) = 2 * (Xkf(3,k) - Xkf(1,k) * Xkf(2,k))/(1 - Xkf(1,k) * Xkf(1,k));
    C1(k,1) = (1 - Xkf(1,k))^2/(4 * (Xkf(3,k) - Xkf(1,k) * Xkf(2,k)));
end
```

通过仿真实验，得出基于卡尔曼滤波算法的锂电池一阶 RC 等效电路模型参数辨识结果如图 2.16 所示。

图 2.16 为基于卡尔曼滤波算法的锂电池一阶 RC 等效电路模型参数辨识结果，图 2.17 为基于卡尔曼滤波算法的锂电池一阶 RC 等效电路模型参数辨识效果验。从图 2.16 所示的参数辨识结果可以明显看出，辨识得到的参数值波动较大，不是很稳定。从图 2.17 看出，实际端电压与辨识模型端电压误差标准差为 0.024 V，极差为 0.3841 V，均高于基于 FFRLS 算法和 AFFRLS 算法的辨识结果误差，所以利用卡尔曼滤波算法进行锂电池参数辨识效果略差。

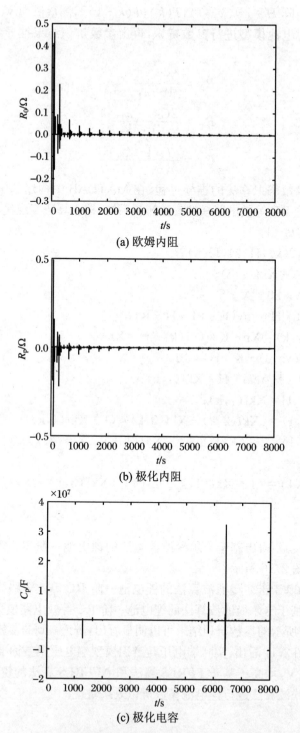

(a) 欧姆内阻

(b) 极化内阻

(c) 极化电容

图 2.16 基于卡尔曼滤波算法的锂电池一阶 RC 等效电路模型参数辨识结果

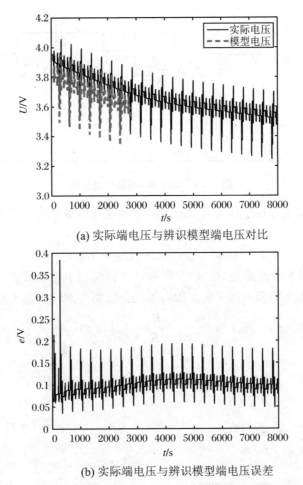

(a) 实际端电压与辨识模型端电压对比

(b) 实际端电压与辨识模型端电压误差

图 2.17 基于卡尔曼滤波算法的锂电池一阶 RC 等效电路模型参数辨识效果验证

2.3 锂电池二阶 RC 等效电路模型参数辨识方法研究

2.3.1 基于遗忘因子递推最小二乘法的二阶 RC 等效电路模型参数辨识方法

锂电池二阶 RC 等效电路模型如图 2.18 所示,其中,U 表示端电压,U_∞ 表示开路电压,$U_o = R_0 I$ 表示欧姆电阻两端的电压,U_{p1} 和 U_{p2} 分别表示两个 RC 回路的电压。

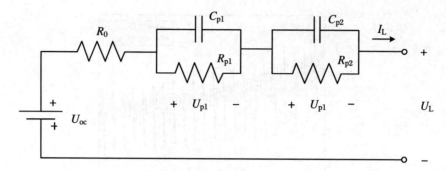

图 2.18 二阶 RC 等效电路模型

根据基尔霍夫电压定律可得二阶 RC 等效电路模型电压平衡方程如式(2.67)所示。

$$U = U_{oc} - U_o - U_{p1} - U_{p2} \tag{2.67}$$

下面利用 FFRLS 算法对二阶 RC 等效电路模型中各参数进行辨识。首先将二阶 RC 等效电路模型电压平衡方程利用拉普拉斯变换转换为 S 域形式为

$$U(s) = U_{oc}(s) - R_0 I(s) - \left(\frac{R_{p1}}{1 + R_{p1}C_{p1}}\right)I(s) - \left(\frac{R_{p2}}{1 + R_{p2}C_{p2}}\right)I(s) \tag{2.68}$$

令时间常数 $\tau_{p1} = R_{p1}C_{p1}, \tau_{p2} = R_{p2}C_{p2}$,则式(2.68)可以写为

$$\begin{aligned}&\tau_{p1}\tau_{p2}U \cdot s^2 + (\tau_{p1} + \tau_{p2})U \cdot s + U \\&= \tau_{p1}\tau_{p2}U_{oc} \cdot s^2 + (\tau_{p1} + \tau_{p2})U_{oc} \cdot s + U_{oc} - \tau_{p1}\tau_{p2}R_0 I \cdot s^2 \\&\quad - [R_{p1}\tau_{p2} + R_{p2}\tau_{p1} + R_0(\tau_{p1} + \tau_{p2})]I \cdot s - (R_{p1} + R_{p2} + R_0)I\end{aligned} \tag{2.69}$$

设 $a = R_0, b = \tau_{p1}\tau_{p2}, c = \tau_{p1} + \tau_{p2}, d = R_{p1} + R_{p2} + R_0, f = R_{p1}\tau_{p2} + R_{p2}\tau_{p1} + R_0(\tau_{p1} + \tau_{p2})$,则式(2.69)简化为

$$bU \cdot s^2 + cU \cdot s + U = bU_{oc} \cdot s^2 + cU_{oc} \cdot s + U_{oc} - abI \cdot s^2 - fI \cdot s - dI \tag{2.70}$$

利用双线性变换公式 $s = \frac{2}{T}\frac{1-z^{-1}}{1+z^{-1}}$ 可以得到式(2.70)的差分方程,对其进行离散化处理,其中,T 为采样时间,得到

$$\begin{aligned}U_{oc}(k) - U(k) &= k_1[U_{oc}(k-1) - U(k-1)] + k_2[U_{oc}(k-2) - U(k-2)] \\&\quad + k_3 I(k) + k_4 I(k-1) + k_5 I(k-2)\end{aligned} \tag{2.71}$$

其中

$$k_1 = \frac{8b - 2T^2}{T^2 + 2cT + 4b}, \quad k_2 = \frac{4cT}{T^2 + 2cT + 4b} - 1$$

$$k_3 = -\frac{4ab + 2ft + dT^2}{T^2 + 2cT + 4b}, \quad k_4 = \frac{8ab - 2dT^2}{T^2 + 2cT + 4b}, \quad k_5 = -\frac{4ab - 2ft + dT^2}{T^2 + 2cT + 4b}$$

$$\tag{2.72}$$

令 $y = U_{oc} - U$,则上式可写为

$$y(k) = k_1 y(k-1) + k_2 y(k-2) + k_3 I(k) + k_4 I(k-1) + k_5 I(k-2) \tag{2.73}$$

将式(2.73)代入 FFRLS 算法中,$\boldsymbol{\theta} = [k_1, k_2, k_3, k_4, k_5]^T$ 作为直接辨识参数,再由这些参数的辨识结果推导出电路模型参数 $R_0, R_{p1}, C_{p1}, R_{p2}, C_{p2}$,其推导公式如下:

$$\begin{cases} a = \dfrac{k_4 - k_3 - k_5}{1 + k_1 - k_2} \\ b = \dfrac{T^2(1 + k_1 - k_2)}{4(1 - k_1 - k_2)} \\ c = \dfrac{T(1 + k_2)}{1 - k_1 - k_2} \\ d = -\dfrac{k_4 + k_3 + k_5}{1 - k_1 - k_2} \\ f = \dfrac{T(k_5 - k_3)}{1 - k_1 - k_2} \end{cases} \tag{2.74}$$

又因 $b = \tau_1 \tau_2, c = \tau_1 + \tau_2$,则有 $\tau^2 - c\tau + b = 0$,解得 τ_1, τ_2 为

$$\begin{cases} \tau_1 = \dfrac{c + \sqrt{c^2 - 4b}}{2} \\ \tau_2 = \dfrac{c - \sqrt{c^2 - 4b}}{2} \end{cases} \tag{2.75}$$

再结合 $a = R_0, d = R_{p1} + R_{p2} + R_0, f = R_{p1} \tau_{p2} + R_{p2} \tau_{p1} + R_0(\tau_{p1} + \tau_{p2})$,可以得到电路模型参数:

$$\begin{cases} R_0 = a \\ R_{p1} = (\tau_1(d-a) + ac - f)/(\tau_1 - \tau_2) \\ R_{p2} = d - a - R_{p1} \\ C_{p1} = \tau_1/R_{p1} \\ C_{p2} = \tau_2/R_{p2} \end{cases} \tag{2.76}$$

以动态应力测试(Dynamic stress test,DST)实验为基础,并运用上述参数辨识的推导过程,在 MATLAB 中建立基于 FFRLS 算法的锂电池二阶 RC 等效电路模型参数辨识系统,并进行仿真实验,得到基于 FFRLS 的二阶 RC 等效电路模型参数 $R_0, R_{p1}, C_{p1}, R_{p2}, C_{p2}$ 的辨识结果如图 2.19 所示。

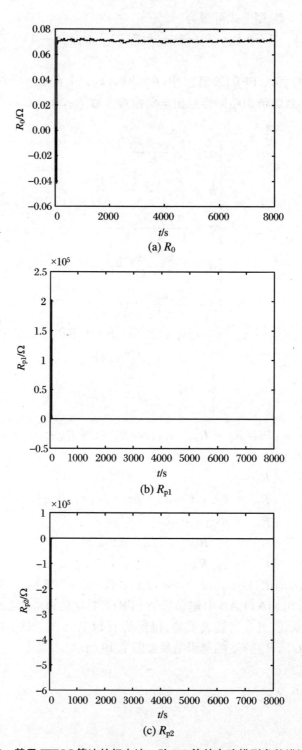

图 2.19 基于 FFRLS 算法的锂电池二阶 RC 等效电路模型参数辨识结果

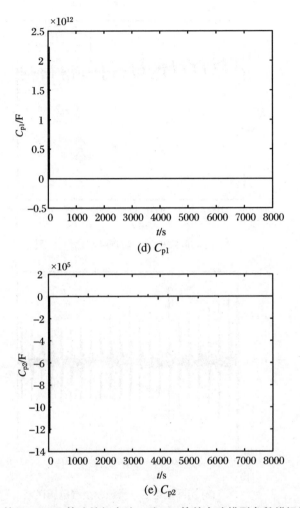

图 2.19 基于 FFRLS 算法的锂电池二阶 RC 等效电路模型参数辨识结果(续)

图 2.19 为基于 FFRLS 算法的锂电池二阶 RC 等效电路模型参数辨识结果，图 2.20 为基于 FFRLS 算法锂电池二阶 RC 等效电路模型参数辨识效果验证。与图 2.13 所示的基于 FFRLS 算法的锂电池一阶 RC 等效电路模型参数辨识结果比较，发现在基于 FFRLS 算法的二阶 RC 等效电路模型参数辨识结果中，实际端电压与辨识模型端电压误差较小，误差标准差为 2.737 mV，误差极差为 0.006 V，低于锂电池一阶 RC 等效电路模型参数辨识结果中的 0.0134 V 误差极差。参数辨识结果以及电压误差的大小可以表明二阶 RC 等效电路模型比一阶 RC 等效电路模型更贴合实际电池，因此在锂电池实际管理系统和测试系统中，采用二阶 RC 等效电路模型更接近实际电池特性。

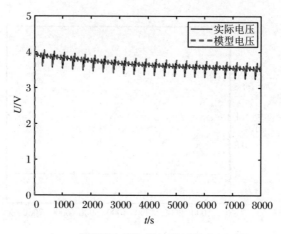

(a) 实际端电压与辨识模型端电压对比

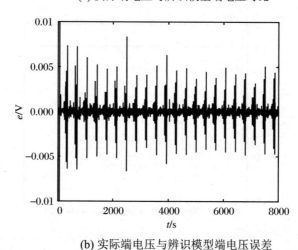

(b) 实际端电压与辨识模型端电压误差

图 2.20 基于 FFRLS 算法锂电池二阶 RC 等效电路模型参数辨识效果验证

2.3.2 基于自适应遗忘因子的二阶 RC 等效电路模型参数辨识方法

由前面的分析可知，不同的遗忘因子值影响参数辨识结果，在变化复杂的工况时希望遗忘因子能通过自适应变化来应对这种不平稳的状态，所以提出用自适应遗忘因子递推最小二乘法来辨识锂电池二阶 RC 等效电路模型参数，自适应遗忘因子表达式如下：

$$\lambda(k) = \lambda_{\min} + (1 - \lambda_{\min}) * h^{\varepsilon(k)}$$
$$\varepsilon(k) = \text{round}\left(\left(\frac{e(k)}{e_{\text{base}}}\right)^2\right) \tag{2.77}$$

其中，$\lambda_{\min}$ 为遗忘因子 λ 的最小值，h 表示灵敏系数，$e(k)$ 是 k 时刻算法估计误差，e_{base} 则表示算法估计允许误差，round(x) 表示取整函数。

将自适应遗忘因子 λ 算法运用到二阶 RC 等效电路模型参数辨识推导过程，在 MATLAB 中建立基于 AFFRLS 算法的锂电池二阶 RC 等效电路模型参数辨识系统，并进行仿真实验，得到的参数辨识结果如图 2.21 所示。

图 2.21 为基于 AFFRLS 算法的锂电池二阶 RC 等效电路模型参数辨识结果；图 2.22 为基于 AFFRLS 算法的锂电池二阶 RC 等效电路模型参数辨识效果验证，其中，图 2.22(a) 为基于 AFFRLS 算法的电池仿真端电压与实际值对比曲线，图 2.22(b) 为实际端电压与辨识模型端电压误差曲线。从图 2.21 和图 2.22 的参数辨识结果来看，AFFRLS 算法在电池参数辨识过程中得到的各参数值更加稳定，同时实际端电压与辨识模型端电压误差较小，最大误差不超过 0.007 V，精度非常高，适合应用于锂电池的管理系统或者测试系统中。

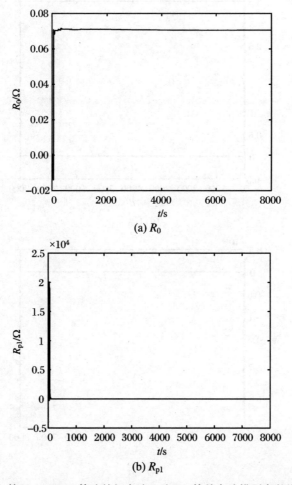

图 2.21　基于 AFFRLS 算法的锂电池二阶 RC 等效电路模型参数辨识结果

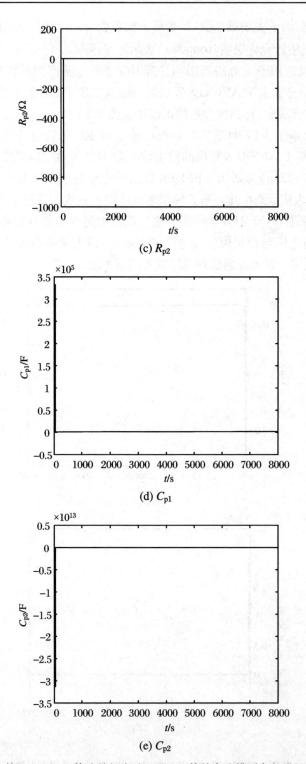

图 2.21 基于 AFFRLS 算法的锂电池二阶 RC 等效电路模型参数辨识结果（续）

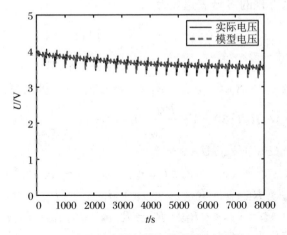

(a) 实际端电压与辨识模型端电压对比

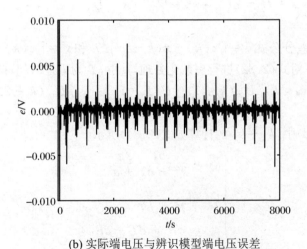

(b) 实际端电压与辨识模型端电压误差

图 2.22 基于 AFFRLS 算法的锂电池二阶 RC 等效电路模型参数辨识效果验证

2.3.3 基于卡尔曼滤波算法的二阶 RC 等效电路模型参数辨识方法

二阶 RC 等效电路模型如图 2.18 所示。

根据基尔霍夫电压定律可得二阶 RC 等效电路模型电压平衡方程如式(2.78)所示。

$$U = U_{oc} - U_o - U_{p1} - U_{p2} \qquad (2.78)$$

式中，U 表示端电压，U_{oc} 表示开路电压，$U_o = R_0 I$ 表示欧姆电阻两端的电压，U_{p1} 和 U_{p2} 分别表示两个 RC 回路的电压。由拉普拉斯变换可以得到二阶 RC 等效电

路模型电压平衡方程的 S 域表达式为

$$U(s) = U_{oc}(s) - R_0 I(s) - \left(\frac{R_{p1}}{1+R_{p1}C_{p1}}\right)I(s) - \left(\frac{R_{p2}}{1+R_{p2}C_{p2}}\right)I(s) \tag{2.79}$$

令时间常数 $\tau_{p1} = R_{p1}C_{p1}$, $\tau_{p2} = R_{p2}C_{p2}$, 则式(2.79)可以写为

$$U(s) = U_{oc}(s) - R_0 I(s) - \left(\frac{R_{p1}}{1+\tau_{p1}s}\right)I(s) - \left(\frac{R_{p2}}{1+\tau_{p2}s}\right)I(s) \tag{2.80}$$

$$\begin{aligned}&\tau_{p1}\tau_{p2}U \cdot s^2 + (\tau_{p1}+\tau_{p2})U \cdot s + U \\ &= \tau_{p1}\tau_{p2}U_{oc} \cdot s^2 + (\tau_{p1}+\tau_{p2})U_{oc} \cdot s + U_{oc} - \tau_{p1}\tau_{p2}R_0 I \cdot s^2 \\ &\quad - [R_{p1}\tau_{p2} + R_{p2}\tau_{p1} + R_0(\tau_{p1}+\tau_{p2})]I \cdot s - (R_{p1}+R_{p2}+R_0)I\end{aligned} \tag{2.81}$$

设 $a = \tau_{p1}\tau_{p2}$, $b = \tau_{p1}+\tau_{p2}$, $c = R_{p1}+R_{p2}+R_0$, $d = R_{p1}\tau_{p2}+R_{p2}\tau_{p1}+R_0(\tau_{p1}+\tau_{p2})$, 则式(2.81)可简化为

$$aU \cdot s^2 + bU \cdot s + U = aU_{oc} \cdot s^2 + bU_{oc} \cdot s + U_{oc} - aR_0 I \cdot s^2 - dI \cdot s - cI \tag{2.82}$$

利用前向差分公式 $s = [x(k)-x(k-1)]/T$ 和 $s^2 = [x(k)-2x(k-1)+x(k-2)]/T^2$ 对式(2.82)进行离散化处理,其中,T 为采样时间,得到

$$\begin{aligned}U_{oc}(k) - U(k) &= k_1[U_{oc}(k-1)-U(k-1)] + k_2[U_{oc}(k-2)-U(k-2)] \\ &\quad + k_3 I(k) + k_4 I(k-1) + k_5 I(k-2)\end{aligned} \tag{2.83}$$

在式(2.83)中,$k_1 \sim k_5$ 的计算如式(2.84)所示。

$$\begin{cases} k_1 = \dfrac{-bT-2a}{T^2+bT+a} \\ k_2 = \dfrac{a}{T^2+bT+a} \\ k_3 = \dfrac{cT^2+dT+aR_0}{T^2+bT+a} \\ k_4 = \dfrac{-dT-2aR_0}{T^2+bT+a} \\ k_5 = \dfrac{aR_0}{T^2+bT+a} \end{cases} \tag{2.84}$$

令 $y = U_{oc} - U$,则上式可写为

$$y(k) = k_1 y(k-1) + k_2 y(k-2) + k_3 I(k) + k_4 I(k-1) + k_5 I(k-2) \tag{2.85}$$

电池模型的状态方程和观测方程可以写为

$$\begin{cases} \boldsymbol{x}_k = \boldsymbol{A}\boldsymbol{x}_{k-1} + \boldsymbol{B}\boldsymbol{u}_{k-1} + \boldsymbol{w}_{k-1} \\ \boldsymbol{z}_k = \boldsymbol{H}\boldsymbol{x}_k + \boldsymbol{v}_k \end{cases} \tag{2.86}$$

式中,$\boldsymbol{x}_k$ 为状态变量,$\boldsymbol{A}$ 为其状态矩阵,$\boldsymbol{w}_{k-1}$ 代表过程噪声;$\boldsymbol{z}_k$ 为测量值,$\boldsymbol{v}_k$ 为测量噪声,$\boldsymbol{H}$ 为系统观测矩阵。

将 k_1, k_2, k_3, k_4, k_5 五个参数作为系统状态变量也即卡尔曼滤波辨识参数过程中直接辨识参数,即

$$\boldsymbol{x} = \begin{bmatrix} k_1 \\ k_2 \\ k_3 \\ k_4 \\ k_5 \end{bmatrix} \tag{2.87}$$

则状态转移矩阵

$$\boldsymbol{A} = \begin{bmatrix} 1 & 0 & 0 & 0 & 0 \\ 0 & 1 & 0 & 0 & 0 \\ 0 & 0 & 1 & 0 & 0 \\ 0 & 0 & 0 & 1 & 0 \\ 0 & 0 & 0 & 0 & 1 \end{bmatrix} \tag{2.88}$$

则系统观测矩阵 $\boldsymbol{H} = [y(k-1), y(k-2), I(k), I(k-1), I(k-2)]$,测量值为 $y(k)$。

由卡尔曼滤波算法过程式(2.53)和式(2.54)对电池二阶 RC 等效电路模型进行参数辨识,再由参数辨识结果推导参数 $R_0, R_{p1}, C_{p1}, R_{p2}, C_{p2}$,推导如下:

$$\begin{cases} k_0 = \dfrac{T^2}{k_1 + k_2 + 1} \\ a = k_0 k_2 \\ b = \dfrac{-k_0(k_1 + 2k_2)}{T} \\ c = \dfrac{k_0(k_3 + k_4 + k_5)}{T^2} \\ d = \dfrac{-k_0(k_4 + 2k_5)}{T} \end{cases} \tag{2.89}$$

$$\begin{cases} R_0 = \dfrac{k_5}{k_2} \\ \tau_1 = \dfrac{b + \sqrt{b^2 - 4a}}{2} \\ \tau_2 = \dfrac{b - \sqrt{b^2 - 4a}}{2} \\ R_{p1} = (\tau_1 c + \tau_2 R_0 - d)/(\tau_1 - \tau_2) \\ R_{p2} = c - R_{p1} - R_0 \\ C_{p1} = \tau_1/R_{p1} \\ C_{p2} = \tau_2/R_{p2} \end{cases} \tag{2.90}$$

在 MATLAB/Simulink 中建立基于卡尔曼滤波算法的锂电池二阶 RC 等效电

路模型参数辨识系统,其具体结构如图 2.23 所示。

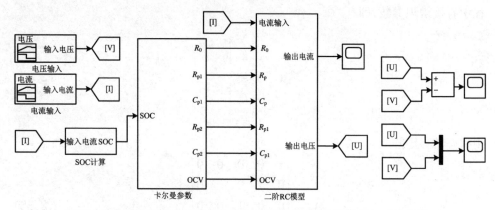

(a) 基于卡尔曼滤波算法的锂电池二阶RC等效电路模型参数辨识系统总图

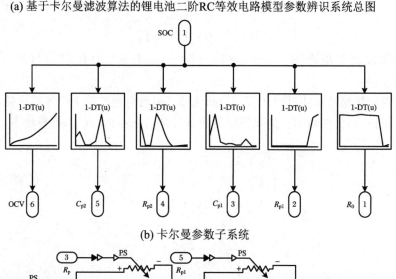

(b) 卡尔曼参数子系统

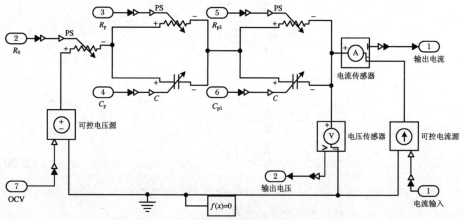

(c) 锂电池二阶RC等效电路模型子系统

图 2.23 基于卡尔曼滤波算法的锂电池二阶 RC 等效电路模型参数辨识系统

图 2.23 中,基于卡尔曼滤波算法的锂电池二阶 RC 等效电路模型参数辨识系统主要包括 3 个子系统:SOC 子系统、卡尔曼参数子系统和二阶 RC 等效电路模型子系统。其中,SOC 子系统由安时积分计算 SOC 得到;卡尔曼参数子系统由图 2.25 所示的参数辨识结果与 SOC 关系以及 OCV-SOC 组成,主要是通过 Lookup Table 模块构成,如图 2.23(b)所示;二阶 RC 等效电路模型子系统主要由锂电池二阶 RC 等效电路构成,如图 2.23(c)所示。

除 3 个子系统外,基于卡尔曼滤波算法的锂电池二阶 RC 等效电路模型参数辨识系统中还有两个 Signal Builder 模块,用来存放恒流脉冲放电实验电压和电流变化曲线。电流输入模块作为整个仿真系统的唯一输入,存放了恒流脉冲放电实验中的放电电流数据;电压输入模块为电池恒流脉冲放电实验时电压数据,用来直观表现参数验证过程中仿真值与真实值的对比。实验电压和电流变化曲线如图 2.24 所示,锂电池 SOC 每降低 0.1,便进行一次脉冲放电实验,以此获得不同 SOC 状态下电池的动态响应特性。

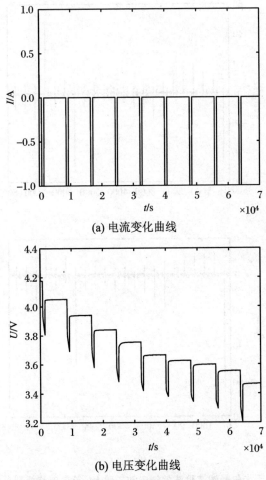

(a) 电流变化曲线

(b) 电压变化曲线

图 2.24　恒流脉冲实验电流和电压变化曲线

$R_0, R_{p1}, R_{p2}, C_{p1}, C_{p2}$ 等参数辨识结果如图 2.25 所示。

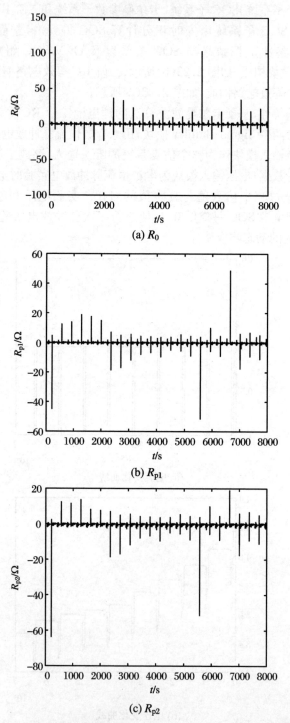

图 2.25 基于卡尔曼滤波算法的锂电池二阶 RC 等效电路模型参数辨识结果

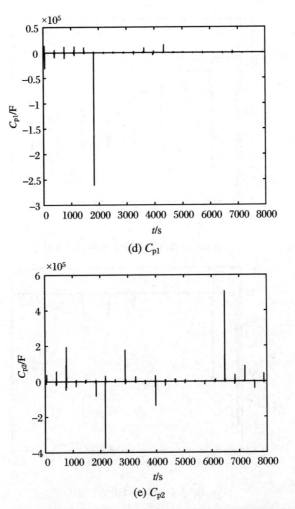

图 2.25 基于卡尔曼滤波算法的锂电池二阶 RC 等效电路模型参数辨识结果(续)

为验证卡尔曼滤波算法对锂电池二阶 RC 等效电路模型参数辨识的准确性，将 HPPC 实验电流、电压数据导入 MATLAB/Simulink 所构建的卡尔曼滤波算法辨识模型中，结合离线参数辨识结果进行验证。并将辨识模型输出端电压与实际端电压值进行比较，对比变化结果以及误差变化如图 2.26 所示。

图 2.26(a)为脉冲放电实验条件下，辨识模型数据端电压与实际电压值之间的对比变化曲线，图 2.26(b)为误差曲线。从误差曲线可以看出，在脉冲放电过程中，电压误差较大，最大误差超过了 1 V。无论是图 2.16 所示的基于 KF 算法的一阶 RC 等效电路模型端电压误差变化，还是图 2.26 所示的基于 KF 算法的二阶 RC 等效电路模型端电压误差变化，都说明卡尔曼滤波辨识方法的精确度及其辨识结果的稳定性都不如 AFFRLS 算法参数辨识方法。

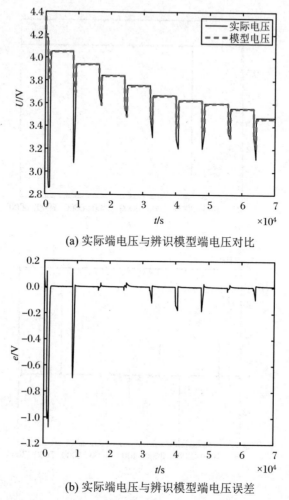

(a) 实际端电压与辨识模型端电压对比

(b) 实际端电压与辨识模型端电压误差

图 2.26 基于卡尔曼滤波算法的锂电池二阶 RC 等效电路模型参数辨识效果验证

本 章 小 结

本章对新能源汽车退役动力锂电池的 Rint 等效电路模型、PNGV 等效电路模型、一阶 RC 等效电路模型和二阶 RC 等效电路模型的模型结构进行了逐一分析，给出了相应的模型状态方程，并对模型参数辨识方法进行了研究。主要创新工作包括以下两点。

(1) 通过实验获取退役动力电池混合功率脉冲特性电压响应曲线，并依据此电压响应曲线给出 R_0, R_p, C_p 的离线辨识计算方法，在 MATLAB/Simulink 中构建了退役动力电池模型参数离线辨识系统,该系统包括 SOC 子系统、离线参数子系统和一阶 RC 模型子系统。实验结果表明,SOC 在 0.1~1 范围内变化时,端电压的实际值与预测值的误差总体在 0.1 V 左右,表明了所提出离线参数辨识方法的有效性,辨识误差在工程应用许可的范围内。

(2) 针对常规递推最小二乘(RLS)算法的局限性,设计了遗忘因子递推最小二乘(FFRLS)算法、自适应遗忘因子递推最小二乘(AFFRLS)算法和卡尔曼滤波算法等多种退役动力锂电池参数在线辨识算法。在 MATLAB/Simulink 软件中分别构建了以上各种辨识方法的仿真系统,辨识对象包括锂电池一阶 RC 等效电路模型参数和二阶 RC 等效电路模型参数。通过动态应力测试(DST)和模型仿真实验,将设计的三种参数在线辨识方法进行对比分析。实验结果对比表明,在 DST 工况下卡尔曼滤波算法和 FFRLS 算法参数辨识结果存在波动,准确性和适应性相对较差;而 AFFRLS 算法参数辨识结果稳定,准确性高,适合在退役动力电池梯次利用工程中应用。

第 3 章　退役动力电池荷电状态估计研究

在第 2 章退役动力电池模型及其参数辨识研究的基础上,本章将对退役动力电池荷电状态进行估计,提出卡尔曼滤波、扩展卡尔曼滤波和自适应卡尔曼滤波等三种 SOC 估计算法,分别构建三种算法的 SOC 估计模型并进行对比实验研究,分析不同方法的估计精度,研究其在电池管理系统或者电池测试系统中应用的可行性。

3.1　基于卡尔曼滤波的退役动力电池 SOC 估计

3.1.1　基于卡尔曼滤波的 SOC 估计算法分析

卡尔曼滤波是一种利用线性系统状态方程,通过系统输入输出观测数据,对系统状态进行最优估计的算法,其基本算法原理在第 2 章已经阐述,下面将其直接应用到锂电池的 SOC 估计中。

锂电池一阶 RC 等效电路模型如图 2.2 所示,根据基尔霍夫定律,可以从该模型中获得等效电路表达式,即

$$U_{\infty} - U_{\mathrm{L}} = U_{\mathrm{p}} + I_{\mathrm{L}}(t) R_0 \tag{3.1}$$

$$U_{\mathrm{p}}^* = -\frac{U_{\mathrm{p}}}{R_{\mathrm{p}} C_{\mathrm{p}}} + \frac{1}{C_{\mathrm{p}}} I_{\mathrm{L}}(t) \tag{3.2}$$

式中,U_{∞} 表示动力电池的开路电压(Open Circuit Voltage,OCV),U_{p} 表示 $R_{\mathrm{p}} C_{\mathrm{p}}$ 并联电路两端的电压,U_{p}^* 表示 U_{p} 的微分,U_{L} 为端电压,$I_{\mathrm{L}}(t)$ 为端电流,设定电流放电方向为正方向。SOC(State of Charge),即电池的荷电状态,被用来反映电池的剩余电量状况,其数值定义为剩余容量占电池容量的比值。其计算式如式(3.3)所示。

$$\mathrm{SOC}_t = \frac{Q_t}{Q} = \mathrm{SOC}_{t_0} - \frac{\eta \int_{t_0}^{t} I(t) \mathrm{d} t}{Q} \tag{3.3}$$

式中,SOC_t 为 t 时刻的 SOC;Q_t 为 t 时刻电池剩余容量;η 为电池库伦效率;

SOC_{t_0} 为 t_0 时刻的 SOC；Q 为电池实际容量；I 为电池电流，以电池放电时为正，相反充电时为负。

将式(3.3)离散化即可得到

$$SOC_k = SOC_{k-1} - \frac{\eta I \Delta t}{Q} \tag{3.4}$$

式中，Δt 为采样频率。基于搭建的一阶 RC 等效电路模型，模型的状态方程和观测方程可以写为

$$\boldsymbol{x}_k = \boldsymbol{A}\boldsymbol{x}_{k-1} + \boldsymbol{B}\boldsymbol{u}_{k-1} + \boldsymbol{w}_{k-1} \tag{3.5}$$

$$\boldsymbol{z}_k = \boldsymbol{H}\boldsymbol{x}_k + \boldsymbol{D}_k\boldsymbol{u}_k + \boldsymbol{v}_k \tag{3.6}$$

式中，$\boldsymbol{x}_k = [SOC_k, U_{p,k}]^T$，$\boldsymbol{u}_k$ 为输入电流，$\boldsymbol{z}_k$ 为端电压，$\boldsymbol{w}_k$ 和 $\boldsymbol{v}_k$ 分别为过程噪声和测量噪声。根据式(3.5)和式(3.6)，可以得到

$$\boldsymbol{A} = \begin{bmatrix} 1 & 0 \\ 0 & e^{-\frac{\Delta t}{R_p C_p}} \end{bmatrix} \tag{3.7}$$

$$\boldsymbol{B} = \begin{bmatrix} -\frac{\eta \Delta t}{Q} \\ R_0(1 - e^{-\frac{\Delta t}{R_p C_p}}) \end{bmatrix} \tag{3.8}$$

$$\boldsymbol{H} = \begin{bmatrix} 0 & -1 \end{bmatrix} \tag{3.9}$$

$$\boldsymbol{D} = -R_0 \tag{3.10}$$

则式(3.5)和式(3.6)可以写为

$$\begin{bmatrix} SOC_{k+1} \\ U_{p,k+1} \end{bmatrix} = \begin{bmatrix} 1 & 0 \\ 0 & e^{-\frac{\Delta t}{R_p C_p}} \end{bmatrix} \begin{bmatrix} SOC_k \\ U_{p,k} \end{bmatrix} + \begin{bmatrix} -\frac{\Delta t}{Q} \\ R_0(1 - e^{-\frac{\Delta t}{R_p C_p}}) \end{bmatrix} i_k + w_k \tag{3.11}$$

$$U_{L,k} = \begin{bmatrix} 0 & -1 \end{bmatrix} \begin{bmatrix} SOC_k \\ U_{p,k} \end{bmatrix} - R_0 I_k + U_{oc,k} + \boldsymbol{v}_k \tag{3.12}$$

由卡尔曼滤波算法过程对电池的 SOC 进行估计。

3.1.2 仿真实验分析

为了验证基于卡尔曼滤波的 SOC 估计算法在简单工况下的适应情况和估计精确度，选用额定容量为 2 Ah 的锂电池，其充放电截止电压分别为 4.2 V、2.5 V。以脉冲放电为测试工况，如图 2.24 所示。在本实验中，电池参数 R_0，R_p 和 C_p 通过第 2 章参数辨识方法获得，并以均值的形式代入 KF 估计 SOC 算法中，结合式(3.7)~式(3.12)，在 MATLAB 中构建上述基于卡尔曼滤波的 SOC 估计算法模型，其部分算法代码如下所示：

```
for k = 2:ts
    x1(k) = A(1,1) * x1(k-1) + B(1,1) * I(k-1);
```

```
x2(k) = A(2,2) * x2(k-1) + B(2,1) * I(k-1);
%模型预测
x1_hat_prev(k) = A(1,1) * x1(k-1) B(1,1) * I(k-1) ;   %状态变量先验估计
if(x1_hat_prev(k)>1)
    x1_hat_prev(k) = 1;
end
P_prev = A(1,1) * P(k-1) * A(1,1)' + Q;   %协方差矩阵先验估计
%测量更新
V_hat(k,1) = H(1,1) * x1_hat_prev(k) - I(k) * R0 - x2(k) + 3.45;
K = P_prev * H(1,1)' * inv(H(1,1) * P_prev * H(1,1)' + R');   %滤波增益
x1_hat(k) = x1_hat_prev(k) + K * (V_real(k) - V_hat(k));   %状态更新
P(k) = P_prev - K * H(1,1) * P_prev;
end
```

运行基于卡尔曼滤波的 SOC 估计算法模型,SOC 估计结果以及估计误差如图 3.1 所示,电池模型端电压对比分析以及误差曲线如图 3.2 所示。实验结果表明,基于卡尔曼滤波的 SOC 估计误差在 2% 以内,误差最大值为 0.015。端电压最大误差不超过 0.4 V,基本满足 SOC 估计标准。

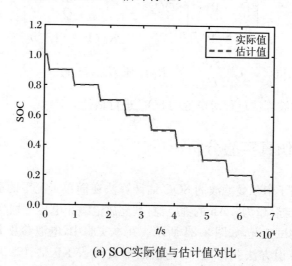

(a) SOC 实际值与估计值对比

图 3.1 基于卡尔曼滤波算法的 SOC 估计结果

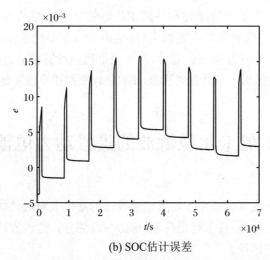

(b) SOC估计误差

图 3.1 基于卡尔曼滤波算法的 SOC 估计结果(续)

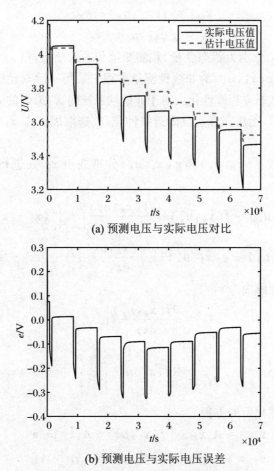

(a) 预测电压与实际电压对比

(b) 预测电压与实际电压误差

图 3.2 基于卡尔曼滤波算法的 SOC 估计端电压

以上展示了基于卡尔曼滤波和一阶 RC 等效电路模型的 SOC 估计方法的具体实施流程，从实验结果来看误差偏大，这是由于卡尔曼滤波适用于线性系统，而电池在工作中属于非线性系统。对此，为了更准确估计退役动力电池 SOC，下面将对卡尔曼滤波算法做出一系列改进算法，同时将详细阐述算法实施流程和估计效果。

3.2 基于扩展卡尔曼滤波的退役动力电池 SOC 估计

扩展卡尔曼滤波算法是在卡尔曼滤波算法的基础上对最佳估计点附近的非线性函数进行泰勒展开，并且忽略高阶项，保留一阶部分。这种方法可以有效地解决非线性系统的状态估计。

对于非线性离散系统，其状态空间方程可以描述为

$$x_{k+1} = f(x_k, u_k) + w_k \tag{3.13}$$

$$y_k = g(x_k, u_k) + v_k \tag{3.14}$$

其中，x_k，y_k 和 u_k 分别为状态变量、观测变量和输入变量，$f(x_k, u_k)$ 为非线性系统状态转移方程，$g(x_k, u_k)$ 为非线性测量方程。采用一阶泰勒级数展开的方式，将非线性系统的状态方程线性化。对于非线性系统而言，最好的展开点是真实值，但由于系统有误差，无法在真实点附近线性化，故选取展开点 $\hat{x}_k$，认为 $\hat{x}_k$ 为 k 时刻最优估计值。

将非线性函数 $f(x_k, u_k)$ 和 $g(x_k, u_k)$ 分别在点 $\hat{x}_k$ 处进行一阶泰勒展开，得到

$$f(x_k, u_k) \approx f(\hat{x}_k, u_k) + \frac{\partial f(x_k, u_k)}{\partial x_k}\bigg|_{x_k = \hat{x}_k}(x_k - \hat{x}_k) \tag{3.15}$$

$$g(x_k, u_k) \approx g(\hat{x}_k, u_k) + \frac{\partial g(x_k, u_k)}{\partial x_k}\bigg|_{x_k = \hat{x}_k}(x_k - \hat{x}_k) \tag{3.16}$$

令状态转移矩阵为

$$A_k = \frac{\partial f(x_k, u_k)}{\partial x_k}\bigg|_{x_k = \hat{x}_k} \tag{3.17}$$

观测矩阵为

$$H_k = \frac{\partial g(x_k, u_k)}{\partial x_k}\bigg|_{x_k = \hat{x}_k} \tag{3.18}$$

可以得到线性化后的方程

$$x_{k+1} = A_k x_k + [f(\hat{x}_k, u_k) - A_k \hat{x}_k] + w_k \tag{3.19}$$

$$y_k = H_k x_k + [g(\hat{x}_k, u_k) - H_k \hat{x}_k] + v_k \tag{3.20}$$

式(3.19)和式(3.20)即为非线性系统线性化后的表达形式，扩展卡尔曼滤波

的具体计算步骤如下。

步骤1:算法初始化。

设置状态观测器的初始值:$x(0),P(0),Q$ 以及 R。$x(0)$ 为状态观测器的初始状态值,$P(0)$ 为状态估计误差协方差矩阵的初始值,Q 和 R 分别为系统噪声协方差矩阵和测量噪声协方差矩阵。值得注意的是,在 EKF 算法中 Q 和 R 一般为常数。

步骤2:先验估计。

从 $k=2,3,\cdots$ 完成先验状态估计,利用前一时刻$(k-1)$的状态估计和协方差估计值推算当前时刻(k)值,具体推算过程如下:

先验状态估计:$\hat{x}_k^- = A\hat{x}_{k-1} + Bu_{k-1}$。

先验误差协方差:$P_k^- = A_{k-1}P_{k-1}A_{k-1}^T + Q$。

步骤3:后验估计。

用 k 时刻的测量值矫正状态估计 $\hat{x}_k$ 和协方差估计 P_k,EKF 测量更新方程如下:

卡尔曼增益矩阵:$K_k = \dfrac{P_k^- H^T}{HP_k^- H^T + R_k}$。

状态估计新息矩阵更新:$e_k = y_k - g(\hat{x}_k^-, u_k)$。

状态估计:$\hat{x}_k = \hat{x}_k^- + K_k e_k$。

状态估计协方差更新:$P_k = (I - K_k H)P_k^-$。

至此,完成了 k 时刻的状态估计。

3.2.1 基于扩展卡尔曼滤波的 SOC 估计算法分析

锂电池一阶 RC 等效电路模型如图 2.2 所示,其中,U_L 表示端电压,U_∞ 表示开路电压,$U_o = R_0 I$ 表示欧姆电阻两端的电压,U_p 表示 RC 回路的电压。根据基尔霍夫定律,可以从该模型中获得等效电路表达式,即

$$U_\infty - U_L = U_p + I_L(t)R_0 \tag{3.21}$$

$$U_p^* = -\dfrac{U_p}{R_p C_p} + \dfrac{1}{C_p}I_L(t) \tag{3.22}$$

式中,U_p^* 表示 U_p 的微分;U_L 为端电压;$I_L(t)$ 为端电流,设定电流放电方向为正方向。

基于搭建的电池一阶 RC 等效电路模型,根据非线性系统的一般形式,电池状态空间方程为

$$x_{k+1} = f(x_k, u_k) + w_k \tag{3.23}$$

$$y_k = g(x_k, u_k) + v_k \tag{3.24}$$

式中,$x = [x_1, x_2]^T$,$x_1 = \text{SOC}$,$x_2 = u_{p1}$,$u(k)$ 为输入电流,$y(k)$ 为端电压,w_k 和

v_k 为噪声。电池模型离散化后的状态方程为

$$\begin{bmatrix} \text{SOC}_k \\ U_{p,k} \end{bmatrix} = \begin{bmatrix} 1 & 0 \\ 0 & e^{-\frac{\Delta t}{R_{p1}C_{p1}}} \end{bmatrix} \begin{bmatrix} \text{SOC}_{k-1} \\ U_{p,k-1} \end{bmatrix} + \begin{bmatrix} -\frac{\eta \Delta t}{Q} \\ R_p(1 - e^{-\frac{\Delta t}{R_p C_p}}) \end{bmatrix} i_{k-1} + w_k \tag{3.25}$$

$$U_{L,k} = U_{ocv}(\text{SOC}_k) - R_0 i_k - U_{p,k} + v_k \tag{3.26}$$

其中,SOC_k 为电池在 k 时刻的荷电状态;η 为充放电效率,在充电时一般小于 1,放电时等于 1;Δt 为数据采样周期,单位为 s;Q 为电池容量,单位为 Ah。

将离散化后的状态方程和测量方程代入到非线性系统的一般形式中,得到的结果为

$$x_k = \begin{bmatrix} \text{SOC}_k \\ U_{p,k} \end{bmatrix} \tag{3.27}$$

$$f(x_k, i_k) = \begin{bmatrix} 1 & 0 \\ 0 & e^{-\frac{\Delta t}{R_p C_p}} \end{bmatrix} \begin{bmatrix} \text{SOC}_{k-1} \\ U_{p,k-1} \end{bmatrix} + \begin{bmatrix} -\frac{\eta \Delta t}{Q} \\ R_{p1}(1 - e^{-\frac{\Delta t}{R_{p1}C_{p1}}}) \end{bmatrix} i_k \tag{3.28}$$

$$g(x_k, i_k) = U_{ocv}(\text{SOC}_k) - R_0 i_k - U_{p,k} \tag{3.29}$$

假设

$$A = \begin{bmatrix} 1 & 0 \\ 0 & e^{-\frac{\Delta t}{R_p C_p}} \end{bmatrix} \tag{3.30}$$

$$B = \begin{bmatrix} -\frac{\eta \Delta t}{Q} \\ R_{p1}(1 - e^{-\frac{\Delta t}{R_{p1}C_{p1}}}) \end{bmatrix} \tag{3.31}$$

$$C_k = \begin{bmatrix} \frac{\partial U_{ocv}(\text{SOC}_k)}{\partial \text{SOC}} & \frac{\partial U}{\partial U_1} \end{bmatrix} = \begin{bmatrix} \frac{\partial U_{ocv}}{\partial \text{SOC}} & -1 \end{bmatrix} \tag{3.32}$$

最终得到一阶 RC 等效电路离散化模型:

$$x_k = A_{k-1} x_{k-1} + B_{k-1} i_{k-1} + w_k \tag{3.33}$$

$$y_k = C_k x_k - R_0 i_k + v_k \tag{3.34}$$

3.2.2 仿真实验分析

为验证基于扩展卡尔曼滤波的 SOC 估计算法的有效性,下面通过不同放电工况进行两次实验。

第一次实验中测试数据采用脉冲放电实验数据,电池参数 R_0,R_p 和 C_p 的值利用第 2 章参数辨识方法获得并以均值的形式代入算法中,脉冲放电实验电压和电流曲线如图 3.3 所示。以放电静置 1 h 后的电压为电池开路电压,由电压曲线可以得到 SOC 与 OCV 的值,在 MATLAB 中通过多项式拟合的方法可以得到 OCV-SOC 曲线如图 3.4 所示,以及 OCV-SOC 8 阶多项式,如式(3.35)所示。

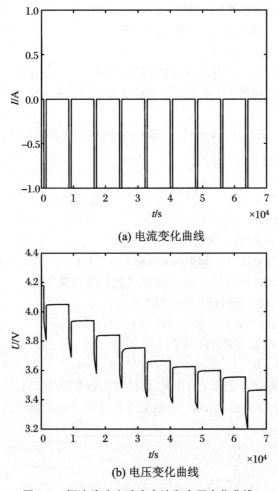

(a) 电流变化曲线

(b) 电压变化曲线

图 3.3 恒流脉冲实验中电流和电压变化曲线

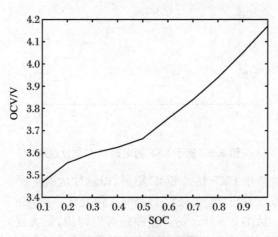

图 3.4 OCV-SOC 曲线

$$OCV = 3.9683 * SOC^8 - 110.4 * SOC^7 + 395.8 * SOC^6 - 603.01 * SOC^5$$
$$+ 475.12 * SOC^4 - 199.97 * SOC^3 + 42.484 * SOC^2 - 3.3588 * SOC \quad (3.35)$$

联合式(3.27)~式(3.32),对利用EKF算法估计电池的SOC进行验证。在MATLAB中构建上述基于扩展卡尔曼滤波的SOC估计算法模型,算法核心代码如下:

```
for k = 2:ts
    Xn = A * Xekf(:,k-1) + B * I(k);   %计算先验估计
    if(Xn>1)
        Xn = 1;
    end
    P1 = A * P0 * A' + Q;
    dd = Xn(1) - Soc(k);
    Zm = g(Soc(k)) * dd + ocv(Soc(k)) - Xn(2) - I(k) * ro;
    H = [g(Xn(1)) -1 ];       %雅可比矩阵计算
    K = P1 * H' * inv(H * P1 * H' + R);
    Xekf(:,k) = Xn + K * (UL(k) - Zm);
    P0 = (eye(2) - K * H) * P1;
end
```

运行基于扩展卡尔曼滤波的SOC估计算法模型,SOC估计结果以及误差曲线分别如图3.5和图3.6所示,端电压结果对比及误差曲线如图3.7所示。

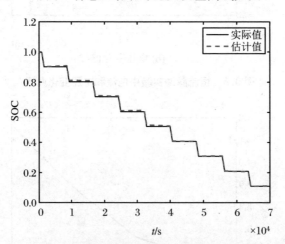

图3.5 基于EKF的电池SOC估计效果

图3.5所示的基于EKF估计SOC结果,以脉冲放电工况下SOC变化数据作为对比。从图中可以看出,电池SOC每隔0.1便变化一次,EKF估计SOC值与实际值重合度较高。从图3.6所示的误差曲线可以得出,最大误差不超过0.012,误差标准差为0.0037。与图3.1所示的基于KF算法估计SOC结果相比,EKF估计

SOC 结果精确度较高。

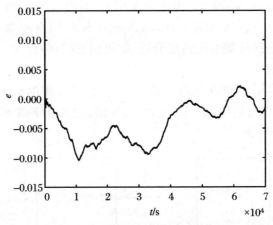

图 3.6　EKF 估计电池 SOC 误差曲线

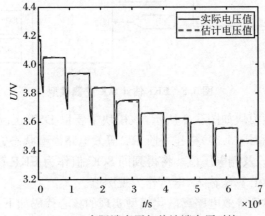

(a) 实际端电压与估计端电压对比

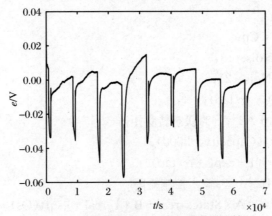

(b) 实际端电压与估计端电压误差

图 3.7　基于 EKF 估计 SOC 端电压

图 3.7 从电池端电压的角度来分析 EKF 估计 SOC 结果,可以看出端电压误差最大值不超过 0.06 V,误差标准差为 0.014。与图 3.2(b) 所示的基于 KF 算法估计 SOC 的端电压误差结果相对比,EKF 估计 SOC 时电池端电压误差较小。无论是从 SOC 值,还是从端电压角度分析,都得到 EKF 估计 SOC 效果比 KF 估计 SOC 结果更加准确。

第二次实验是采用 DST 工况电流数据进行实验,并在 Simulink 中建立 EKF 算法估计 SOC 的仿真模型,如图 3.8 所示,该模型主要有两个模块,等效电路模型模块和 EKF 算法模块。

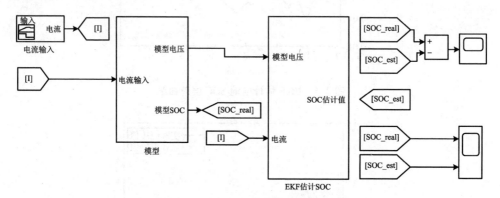

图 3.8 EKF 估计 SOC 仿真模型

等效电路模型模块如图 3.9 所示,该模块主要以 DST 工况电流、电池参数为输入,以式(3.33)和式(3.34)搭建一阶 RC 等效电路模型状态方程和观测方程,并以此得到 SOC 值以及端电压值。将得到的 SOC 值作为 EKF 算法估计 SOC 的参考值,电流作为 EKF 算法输入,电压作为观测值。

锂电池一阶 RC 等效电路离散化模型实现的核心代码如下:

```
function States_real = StateReal(tr, ProNoise, Capacity, I_real, Rp, Cp, States_real)
    tao = Rp * Cp;
    Qs = ProNoise(1);
    Qu = ProNoise(2);
    A2 = exp(-tr/tao);
    A = [1 0;0 A2];   %状态转移矩阵
    B1 = -tr/(Capacity * 3600);
    B2 = Rp * (1 - exp(-tr/tao));
    B = [B1;B2];   %输入控制矩阵
    States_real = A * States_real + B * I_real + [sqrt(Qs) * randn;sqrt(Qu) * randn];
```

第3章 退役动力电池荷电状态估计研究

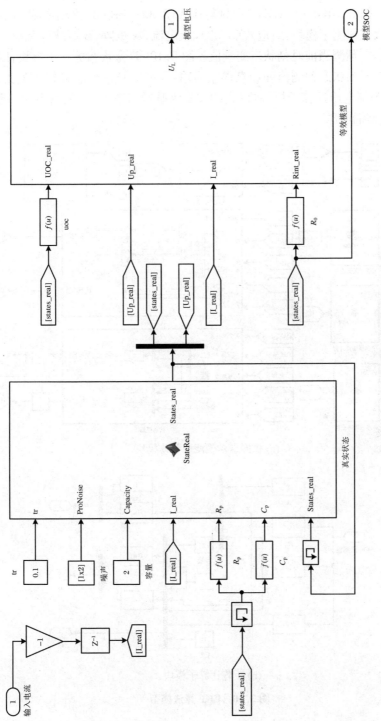

图3.9 等效电路模型模块

EKF算法估计SOC整体模块如图3.10(a)所示,以扩展卡尔曼滤波流程为基础搭建而成,图3.10(b)中A,B,C分别对应式(3.30)~式(3.32)中矩阵计算。图3.10(c)为状态预测子模块,对应式(3.33),以电流、A矩阵、B矩阵以及前一时刻状态值为输入,预测当前时刻状态变量值。图3.10(d)为状态更新子模块,以卡尔曼增益、当前时刻状态预测值和新息误差为输入,更新修正当前时刻状态变量值。图3.10(e)为端电压计算子模块,以式(3.34)为基础搭建而成,从而得到一阶RC等效电路模型端电压。

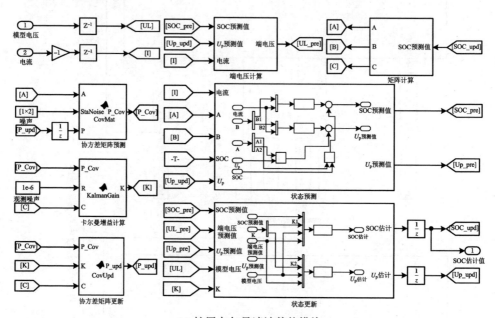

(a) 扩展卡尔曼滤波整体模块

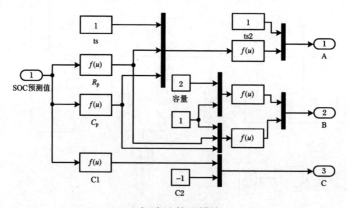

(b) 矩阵计算子模块

图3.10 EKF算法模型

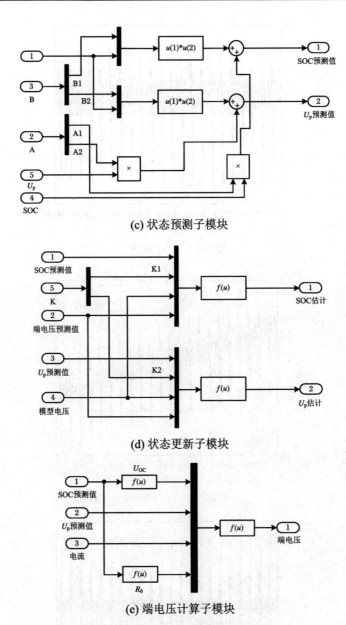

(c) 状态预测子模块

(d) 状态更新子模块

(e) 端电压计算子模块

图 3.10 EKF 算法模型(续)

为验证图 3.10 所建模型的正确性,以 DST 工况数据为输入电流,其电流如图 3.11 所示。

模型端电压与端电压参考值之间对比以及误差结果如图 3.12 所示。DST 工况下 SOC 参考值与 EKF 估计 SOC 值对比结果如图 3.13 所示,图 3.14 为 SOC 误差曲线。

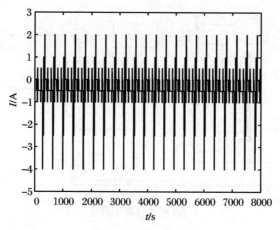

图 3.11　DST 电流

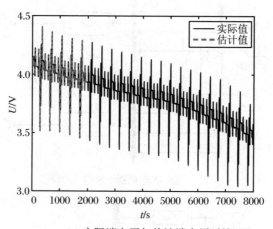

(a) 实际端电压与估计端电压对比

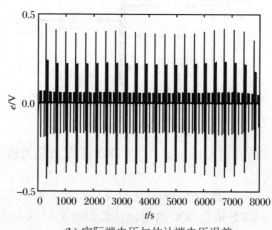

(b) 实际端电压与估计端电压误差

图 3.12　基于 EKF 估计 SOC 模型输出端电压

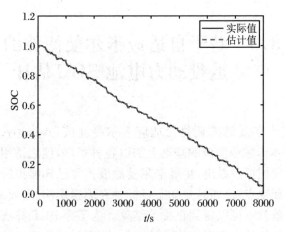

图 3.13　EKF 估计 SOC

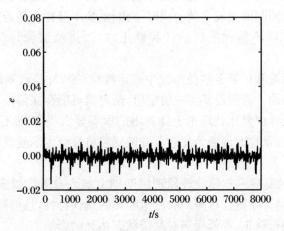

图 3.14　EKF 估计 SOC 误差

从图 3.12 端电压误差曲线可以看出,端电压误差最大值为 0.44 V,端电压误差标准差为 0.04。端电压误差最大值主要发生在大电流放电瞬间,对电池影响较大。从图 3.14 所示的 EKF 估计 SOC 误差曲线可以得到,SOC 在 1~0.05 变化范围内,SOC 最大误差没有超过 0.02,误差标准差为 0.0032。并且可以看出 EKF 估算的稳定性也比较好。

实验一和实验二分别从两种不同电流工况下验证了 EKF 算法估计 SOC 的准确性。相比较实验一的脉冲放电工况,实验二的 DST 放电工况电流变化更加复杂,更贴合实际电池电流变化,两种实验结果都验证了 EKF 算法估计电池 SOC 的准确性和稳定性。

3.3 基于自适应卡尔曼滤波的退役动力电池 SOC 估计

无论是扩展卡尔曼滤波还是自适应卡尔曼滤波(Adaptive Kalman Filter, AKF),都是在基本卡尔曼滤波的基础上加以各种扩展,使之适用于各个环境的估计。通过上一节我们可以看出,扩展卡尔曼滤波需要已知噪声特性,所以 EKF 算法也存在局限性和缺点,比如易受动态目标外在因素影响、需要高精度的模型等,如果发生滤波发散就不可以得到正确的结果。为了令 EKF 算法在估算过程中可以对系统不断变化的状态有更好的自适应性,可通过与自适应算法结合对其进行改进。本节采用 Sage Husa 自适应滤波器来对模型噪声进行修正。AKF 是指利用观测数据校验预测值完成更新的同时,判断系统本身特性是否发生动态变化,从而对模型参数和噪声特性进行估计和修正,以改进滤波设计、缩小滤波的实际误差。

在卡尔曼滤波和扩展卡尔曼滤波中假定噪声的特性是已知的,而实际噪声的特性往往是未知的。若假设其为一给定值,给定值可能存在偏差,此时会导致对系统状态的实际估计误差比其理论上计算出的误差要大很多,而且会随着数据的增加而不断增大,通常称此现象为发散。发散现象将导致卡尔曼滤波失效,影响其滤波估计精度。

AKF 算法就是在卡尔曼滤波原理的基础上加入自适应滤波方法。在估计系统状态的同时,估计系统过程噪声和测量噪声的统计特性,且根据每一步的测量数据的变化对其进行修正,降低噪声对系统状态估计的影响。

系统状态方程和输出方程如下:

$$x_k = A_{k-1} x_{k-1} + B_{k-1} i_{k-1} + w_k \quad (3.36)$$

$$y_k = C_k x_k + D_k i_k + v_k \quad (3.37)$$

假设,过程噪声 w_k 的期望为 $E[w_k] = q_k$,方差为 Q_k;测量噪声 v_k 的期望为 $E[v_k] = r_k$,方差为 R_k。则有

$$\begin{cases} E(w_k) = q_k, E(w_k w_k^T) = Q_k \delta_{kj} \\ E(v_k) = r_k, E(v_k v_k^T) = R_k \delta_{kj} \\ E(w_k v_j^T) = 0 \end{cases} \quad (3.38)$$

自适应卡尔曼滤波过程为:

(1) 设初始状态的估计值 $\hat{x}_0$ 和初始状态的误差协方差 P_0;

(2) 由 k 时刻的状态和误差协方差矩阵对 $k+1$ 时刻的状态和误差协方差矩阵进行更新

$$\hat{x}_{k+1/k} = A\hat{x}_k + Bu_k + \varGamma\hat{q}_k \tag{3.39}$$

$$P_{k+1/k} = AP_kA^T + \varGamma\hat{Q}_k\varGamma^T \tag{3.40}$$

(3) 计算卡尔曼增益:

$$K_k = P_{k+1/k}C^T(CP_{k+1/k}C^T + \hat{R}_k)^{-1} \tag{3.41}$$

(4) 用 $k+1$ 时刻的测量输出值对状态和误差协方差矩阵进行更新:

$$\hat{x}_{k+1} = \hat{x}_{k+1/k} + K_k\tilde{y}_{k+1} \tag{3.42}$$

$$P_{k+1} = (E - K_kC)P_{k+1/k} \tag{3.43}$$

其中,$\tilde{y}_{k+1} = y_{k+1} - (C\hat{x}_{k+1/k} + Du_k) - \hat{r}_k$。

加入 Sage Husa 自适应滤波器后 q_k, r_k, Q_k 和 R_k 递推过程为

$$\hat{q}_{k+1} = (1 - d_k)\hat{q}_k + d_kG(\hat{x}_{k+1} - A\hat{x}_k - Bu_k) \tag{3.44}$$

$$\hat{Q}_{k+1} = (1 - d_k)\hat{x}_k + d_kG(K_k\tilde{y}_{k+1}(K_k\tilde{y}_{k+1})^T + P_{k+1} - AP_{k+1/k}A^T)G^T \tag{3.45}$$

$$\hat{r}_{k+1} = (1 - d_k)\hat{r}_k + d_k(y_{k+1} - C\hat{x}_{k+1/k} - Du_{k+1}) \tag{3.46}$$

$$\hat{R}_{k+1} = (1 - d_k)\hat{R}_k + d_k(\hat{y}_{k+1}(\hat{y}_{k+1})^T - CP_{k+1/k}C^T) \tag{3.47}$$

式中,$d_k = \dfrac{1-b}{1-b^{k+1}}$,$0 < b < 1$ 为遗忘因子。

与卡尔曼滤波相比,自适应卡尔曼滤波增加了对噪声统计特性的估计。利用测量数据 y_k 在线估计噪声的均值 q_k 和 r_k 以及方差 Q_k 和 R_k,根据每一步的噪声均值和方差的估计结果不断修正当前的状态估计值,实现对估计状态量和噪声的统计量的交替更新。

3.3.1 基于自适应卡尔曼滤波的 SOC 估计算法分析

基于搭建的一阶 RC 等效电路模型,可以从该模型中获得等效电路表达式,即

$$U_L = U_\infty - U_p - I_L(t)R_0 \tag{3.48}$$

$$U_p^* = -\frac{U_p}{R_pC_p} + \frac{1}{C_p}I_L(t) \tag{3.49}$$

式中,U_∞ 表示动力电池的开路电压,U_p 表示 $R_{p1}C_{p1}$ 并联电路两端的电压,U_p^* 表示 U_{p1} 的微分,U_L 为端电压,$I_L(t)$ 为端电流,设定电流放电方向为正方向。

根据非线性系统的一般形式,电池状态空间方程如式(3.50)所示。

$$x_k = f(x_{k-1}, u_{k-1}) + \varGamma w_{k-1} \tag{3.50}$$

$$y_k = g(x_k, u_k) + v_k \tag{3.51}$$

式中,$x = [x_1, x_2]^T$,$x_1 = \text{SOC}$,$x_2 = u_{p1}$,$u(k)$ 为输入电流,y_k 为端电压,$F = [0.01, 0.01]^T$,w_{k-1} 和 v_k 分别为过程噪声和测量噪声。

离散化后的状态方程和观测方程为

$$\begin{bmatrix} \text{SOC}_k \\ U_{p,k} \end{bmatrix} = \begin{bmatrix} 1 & 0 \\ 0 & e^{-\frac{\Delta t}{R_{p1} C_p}} \end{bmatrix} \begin{bmatrix} \text{SOC}_{k-1} \\ U_{p,k-1} \end{bmatrix} + \begin{bmatrix} -\frac{\eta \Delta t}{Q} \\ R_{p1}(1 - e^{-\frac{\Delta t}{R_{p1} C_p}}) \end{bmatrix} i_{k-1} + F w_{k-1} \quad (3.52)$$

$$U_{L,k} = U_{ocv}(\text{SOC}_k) - R_0 i_k - U_{p,k} + v_k \quad (3.53)$$

其中,SOC_k 为电池在 k 时刻的荷电状态;η 为充放电效率,在充电时一般小于 1,放电时等于 1;Δt 为数据采样周期,单位为 s;Q 为电池容量,单位为 Ah。

将离散化后的状态方程和测量方程代入到非线性系统的一般形式中,得到结果为

$$x_k = \begin{bmatrix} \text{SOC}_k \\ U_{p,k} \end{bmatrix} \quad (3.54)$$

$$f(x_k, i_k) = \begin{bmatrix} 1 & 0 \\ 0 & e^{-\frac{\Delta t}{R_{p1} C_{p1}}} \end{bmatrix} \begin{bmatrix} \text{SOC}_{k-1} \\ U_{p,k-1} \end{bmatrix} + \begin{bmatrix} -\frac{\eta \Delta t}{Q} \\ R_p(1 - e^{-\frac{\Delta t}{R_p C_p}}) \end{bmatrix} i_{k-1} \quad (3.55)$$

$$g(x_k, i_k) = U_{ocv}(\text{SOC}_k) - R_0 i_k - U_{p1,k} - U_{p2,k} \quad (3.56)$$

假设

$$A = \begin{bmatrix} 1 & 0 \\ 0 & e^{-\frac{\Delta t}{R_{p1} C_{p1}}} \end{bmatrix} \quad (3.57)$$

$$B = \begin{bmatrix} -\frac{\eta \Delta t}{Q} \\ R_p(1 - e^{-\frac{\Delta t}{R_p C_p}}) \end{bmatrix} \quad (3.58)$$

$$C_k = \begin{bmatrix} \frac{\partial U_{ocv}(\text{SOC}_k)}{\partial \text{SOC}} & \frac{\partial U_p}{\partial U} \end{bmatrix} = \begin{bmatrix} \frac{\partial U_{ocv}}{\partial \text{SOC}} & -1 \end{bmatrix} \quad (3.59)$$

$$D_k = -R_0 \quad (3.60)$$

最终得到一阶 RC 等效电路离散化模型为

$$x_k = A_{k-1} x_{k-1} + B_{k-1} i_{k-1} + F w_{k-1} \quad (3.61)$$

$$y_k = C_k x_k + D_k i_k + v_k \quad (3.62)$$

3.3.2 仿真实验分析

为了可以检测 AKF 估算算法的准确性,本书利用 MATLAB 与 Simulink 对电池进行复合脉冲充放电实验仿真实现对 AKF 算法的有效性仿真验证。其具体的实验脉冲电流变化曲线如图 3.15 所示。其中,基于 Simulink 所搭建的 AKF 估算 SOC 仿真模型如图 3.16 所示。

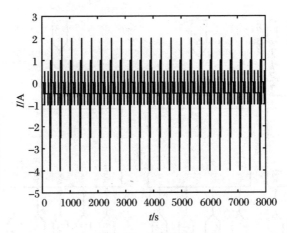

图 3.15　DST 电流

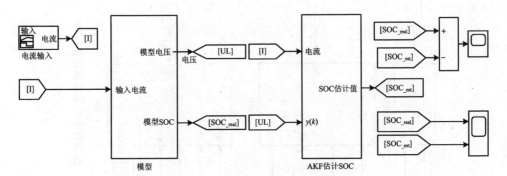

图 3.16　AKF 估计 SOC 仿真模型

图 3.17 为自适应卡尔曼滤波估计 SOC 仿真模型,图 3.18 为 AKF 估计 SOC 过程计算,与卡尔曼滤波估计 SOC 过程类似。图 3.19 则对应式(3.44)～式(3.47),主要是对过程噪声和测量噪声统计特性的估计。

AKF 估计 SOC 仿真模型输入为电流、电压、欧姆内阻、极化内阻和极化电容,输出为电池 SOC 理论值、通过 AKF 算法估算得到的电池 SOC 值以及误差。SOC 理论值为所建等效电路模型获得,将得到的数据作为 SOC 参考值,将一阶 RC 等效模型与 AKF 算法相结合进行复合脉冲实验 Simulink 仿真。将 AKF 估计 SOC 值与 SOC 参考值进行对比验证,对比实验结果如图 3.20 所示,误差仿真结果如图 3.21 所示。

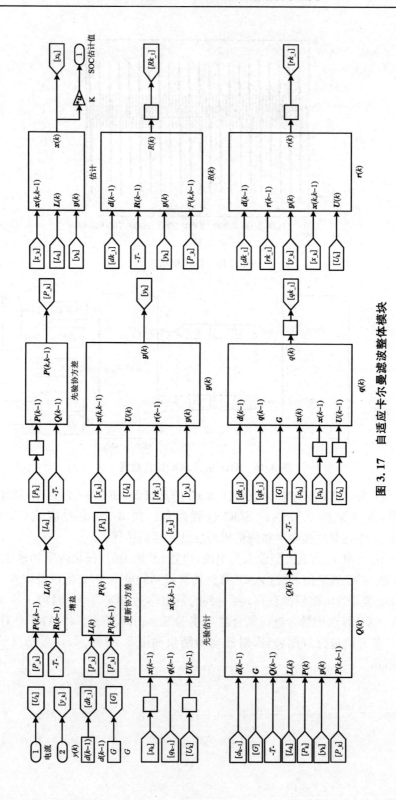

图 3.17 自适应卡尔曼滤波整体模块

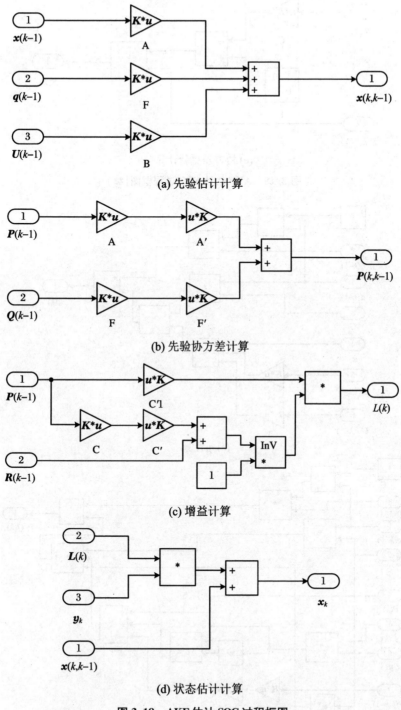

图 3.18 AKF 估计 SOC 过程框图

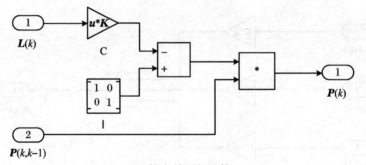

(e) 协方差更新计算

图 3.18　AKF 估计 SOC 过程框图(续)

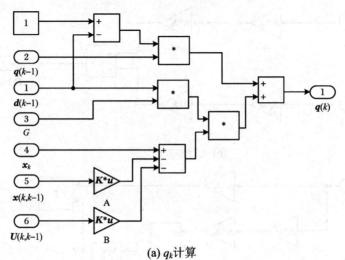

(a) q_k 计算

(b) Q_k 计算

图 3.19　噪声自适应计算

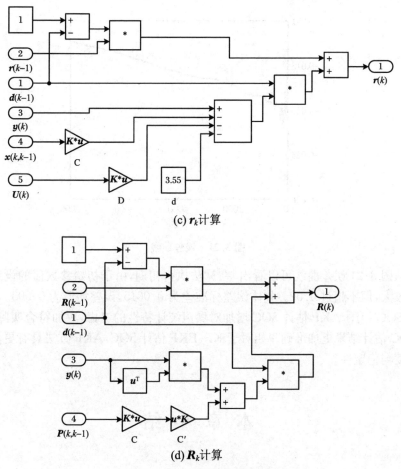

(c) r_k 计算

(d) R_k 计算

图 3.19 噪声自适应计算(续)

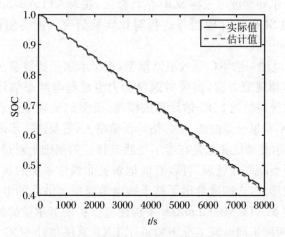

图 3.20 AKF 估计 SOC 实验结果对比

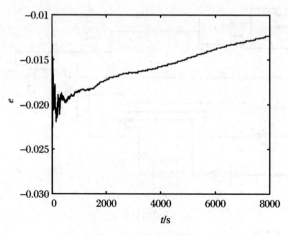

图 3.21 误差曲线

从图 3.21 误差曲线可以看出,在算法执行初期,由于初始参数值的设置导致误差较大,但不超过 0.02。整体误差标准差为 0.0015,误差均值为 0.003。与 KF 估计 SOC 相比,AKF 估计 SOC 增加对噪声统计特性的考虑,更加符合实际情况,且 SOC 估计结果更加准确。相对于 KF、EKF 估计 SOC,AKF 方法具有更高的估算精度与稳定性。

本 章 小 结

本章研究了退役动力电池荷电状态估计方法,提出了卡尔曼滤波、扩展卡尔曼滤波和自适应卡尔曼滤波等三种 SOC 估计算法,在 MATLAB/Simulink 中分别构建了三种算法的 SOC 估计模型并进行对比实验研究。主要创新工作包括以下三点:

(1) 基于锂电池一阶 RC 等效电路模型,根据卡尔曼滤波算法,详细地推导了模型的状态方程和观测方程,实现对退役动力电池荷电状态估计。在 MATLAB 中构建基于卡尔曼滤波的 SOC 估计算法模型,模型的实验结果表明,对于非线性的电池系统,基于卡尔曼滤波的 SOC 估计误差略大,需要进一步改进。

(2) 扩展卡尔曼滤波算法是在卡尔曼滤波算法的基础上对最佳估计点附近的非线性函数进行泰勒展开处理,可以有效地解决非线性系统的状态估计。根据非线性系统的一般形式,详细地给出了基于锂电池模型离散化的电池状态空间方程和观测方程。在 MATLAB/Simulink 中构建基于扩展卡尔曼滤波的 SOC 估计算法模型,分别从两种不同电流工况下验证了 EKF 算法估计 SOC 的准确性。相比于脉冲放电工况,DST 放电工况电流变化更加复杂,更贴合实际电池电流变化,两种工况的实验结果都验证了 EKF 算法估计电池 SOC 的准确性和稳定性。

(3) 扩展卡尔曼滤波算法需要已知噪声特性,所以存在一定的局限性和缺点。为了使得 EKF 算法在估算过程中可以对系统不断变化的状态有更好的自适应性,可通过与自适应算法结合对其进行改进。自适应卡尔曼滤波算法就是在原有算法的基础上加入自适应滤波器来对模型噪声进行修正,基于改进算法详细给出了基于锂电池模型离散化的电池状态空间方程和观测方程。在 MATLAB/Simulink 中构建基于自适应卡尔曼滤波的 SOC 估计算法模型,在 DST 工况下验证了 AKF 算法估计 SOC 的准确性。与 KF 估计 SOC 相比,AKF 估计 SOC 增加对噪声统计特性的考虑,更加符合实际情况,且 SOC 估计结果更加准确;相对于 KF、EKF 估计 SOC,AKF 方法具有更高的估算精度与稳定性。

第4章　退役动力电池的一致性评估研究

第2章和第3章是对新能源汽车退役动力电池的基础信息进行研究,在此基础上可以进一步分析退役动力电池的一致性问题,研究退役动力电池筛选分级方法,为建立退役动力电池的分级标准提供理论依据。

4.1　一致性影响因素分析

电池一致性主要体现在两个方面:一是电池单体内部参数(容量、自放电速率、内阻)的差别,二是电池单体的充放电状态(工作温度、工作电压、荷电状态)的不同。在测试电池组容量时要保证外部测试环境一致才可以让测试结果更有说服力,在不同的温度环境中,电池组充放电时的电流、电压和放电深度的不一致性会更加明显。单体电池在成组时的组合方式和各单体本身的性能差异也会对电池组各单体充放电时的一致性产生影响。各单体之间的不一致性越明显,电池组的性能衰减速率越快,也就不能发挥最佳效益。锂电池一致性内外部影响因素可以用图4.1来表示。

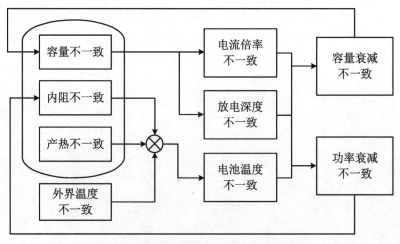

图4.1　锂电池一致性内外部关系影响因素

动力电池老化机理和退化速率的分析结果表明,引起动力电池不一致的主要影响因素有电池容量、电池内阻、电池放电深度和电池温度等,下面逐一分析。

(1) 容量不一致

同一电池组中各单体电池容量受环境温度、电流大小、设备的工作状况等方面的影响,导致电池容量衰减程度不一样,从而导致单体电池容量不一致。选用新旧两组电池组测得其单体容量结果如图4.2所示。

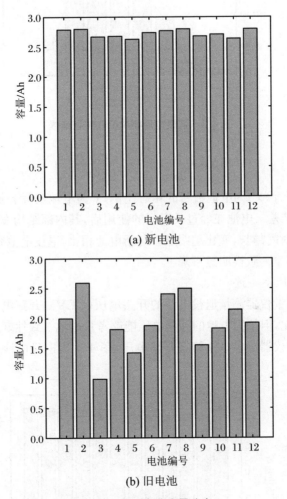

图 4.2 新旧电池容量分布

图4.2表明,新电池组各单体容量几乎一致,而旧电池组各单体容量差别较大。图4.3是退役单体电池容量分布及拟合分布曲线,实验测试条件是在室温下。

从图4.3中可以看出,电池容量分布近似正态分布,检验不同批次退役电池的容量,发现大致都呈正态分布。正态分布公式为

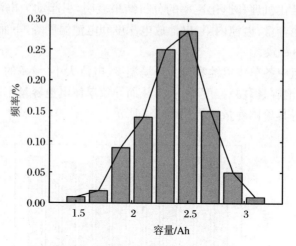

图 4.3 退役电池容量分布特征曲线

$$f(x) = \frac{1}{\sqrt{2\pi}\sigma}\exp\left(-\frac{(x-\mu)^2}{2\sigma^2}\right) \tag{4.1}$$

对电池而言,$f(x)$ 为电池数目的相对比例,x 为电池实际容量,μ 为电池的平均容量,σ 为标准差。电池在经过长时间的使用后,其内部结构发生不可逆转的改变,且随着使用时间越长,变化越明显。与新电池相比,退役电池容量发生衰减,并且电池之间的容量一致性明显下降。

(2) 开路电压不一致

通过电池测量仪器测量退役电池的开路电压(OCV),开路电压虽然会随着电池 SOC 不断变化,但依据电池的开路电压能够考量电池一致性好坏。

用电池测量仪器测量电池静态开路电压,图 4.4 为退役电池的开路电压的统计结果及其分布。

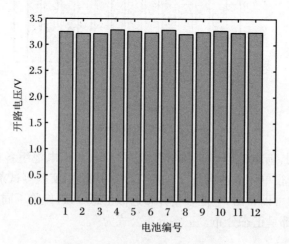

图 4.4 退役电池开路电压分布

实验结果表明,退役电池的开路电压绝大多数在 3.2~3.3 V 区间,与同一生产商的新电池相比,电压差小于 0.1 V,一致性保持良好。这也说明电池的循环使用对开路电压的影响较小。

(3) 内阻不一致

动力电池的开路电压和工作电压是电池外在表现出的性能参数,而电池的内阻则是引发这种外在参数差异的直接因素。描述动力电池各基本组件接触面的接触电阻,通常用欧姆电阻表示;在正常的使用过程中,电池内会发生频繁剧烈的电化学反应,由此会形成由于内部化学物质浓度不均匀而产生的极化内阻;动力电池内阻因此可以追加一个直流内阻的概念,其能更准确地反应电池在充放电过程中的阻抗特性,如式(4.2)所示。

$$R_d = \frac{\Delta U}{\Delta I} = \frac{U(t) - U_0}{\Delta I} \tag{4.2}$$

式中,ΔU 为电压突变值,ΔI 为电流脉冲,$U(t)$ 为 t 时刻电池端电压,U_0 为电池初始端电压。直流内阻往往包含欧姆内阻和一部分极化内阻,其中极化内阻所占比例受电流加载时间 t 的影响。表 4.1、图 4.5 为退役单体电池内阻的统计及其分布结果。

表 4.1 部分退役单体电池内阻

退役电池编号	内阻/mΩ	退役电池编号	内阻/mΩ
1	1743.01	7	1811.63
2	1337.54	8	1179.30
3	1002.72	9	1428.85
4	1515.80	10	1250.87
5	1889.55	11	1221.34
6	1714.31	12	1335.68

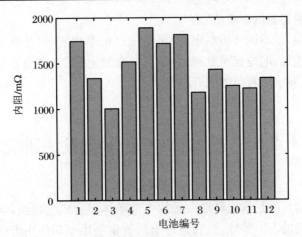

图 4.5 退役电池内阻分布

从图 4.5 可以看出，电池内阻分布曲线呈威布尔分布。有研究表明新电池内阻呈正态分布，由此得出结论，退役电池的内阻变化明显，所以电池内阻可以作为一致性分选的特征参数。

(4) 放电深度不一致

选取退役电池样本，在常温环境下，分别以 0.5 C、1 C 以及 2 C 的电流进行恒流放电测试，分析电池在不同放电倍率下的放电容量，如图 4.6 所示。

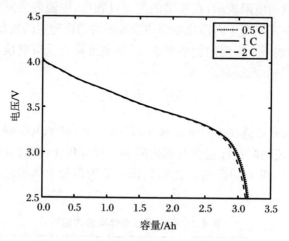

图 4.6　退役电池在不同倍率下的放电曲线

从图 4.6 可以看出，在电池电压高于 3.2 V 时，不同放电倍率对于电池容量变化影响不大，但在放电后期，不同放电倍率对容量变化影响较明显。即放电倍率越大，电池容量衰减速度越快，而且当电池的放电倍率差异过大时，将加剧电池组的一致性衰减。

(5) 温度不一致

在不同的环境温度下，对电池以 2 C 放电，图 4.7 是在不同环境温度下，电池放电电压与放电容量的对应曲线。

图 4.7 表明，在不同环境温度下，虽然放电倍率相同，但是电池容量的衰减速率不同。温度越低，电池容量衰减越快，尤其在放电后期，电池容量衰减对比越明显，电池的放电容量随着温度的升高而增加。

4.2　退役单体电池分选方法研究

电池分选的目的是选取特性一致的电池单体组合成电池组，降低重组电池组中电池单体之间的不一致性，提高电池组的容量利用率和使用寿命。电池分选方

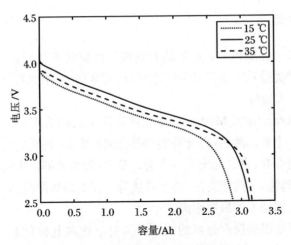

图 4.7 不同温度下电池放电曲线

法多种多样,且根据不同的条件有不同的分类。若按照分选参数特性或曲线特征信息的不同,常用分选方法可分为单参数分选法、多参数分选法、特征曲线分选法和电化学阻抗谱分选法;若按照分选参数的类别来分选,可分为静态分选和动态分选。

4.2.1 静态分选

静态分选主要依据电池静态参数,如电池初始容量、内阻、开路电压、自放电率等。容量是一个重要的电池性能参数,其测量简单易行,很多电池制造商采用容量作为电池初步筛选的主要依据。电池内阻、电压都是极易通过简便测量得到的参数。

1. 电池静态特征参数

自放电率筛选是将单体电池充满电之后,在一定的环境中搁置一段时间,而后再对单体电池进行放电测量其容量或直接测量其电压,根据测试容量或电压对电池进行筛选。电池容量的测量简单易行,且是电池的一个重要性能参数。但电池的容量易受环境温度和工况的影响,因而不能保证单体电池在模组应用时保持一致性。电池内阻可以实现快速测量,但仅可用于电池一致性的定性评判,因为测量电阻通常会造成电池的极化,在理论和实践上还有许多问题没有解决。电压也是极易通过简便测量得到的参数,但静态电压受内阻、自放电率等其他因素影响,仅根据单一条件测得的电压进行筛选准确性不高。

2. 聚类分选

聚类是按某一标准将一定数量的有着相似性质的事物划分为若干类别,常用于数据分选。聚类分选方法又分为层次划分、密度划分、距离划分等。

(1) 基于层次划分

层次法(Hierarchical Methods)首先计算样本之间的距离。每次将距离最近的点合并到同一个类。然后,再计算类与类之间的距离,将距离最近的类合并为一个大类。不停地合并,直到合成了一个类。其中,类与类的距离的计算方法有最短距离法、最长距离法、中间距离法、类平均法等。比如最短距离法,将类与类的距离定义为类与类之间样本的最短距离。

层次聚类算法根据层次分解的顺序分为自下底向上和自上向下,即凝聚的层次聚类算法和分裂的层次聚类算法,也可以理解为自下而上法(bottom-up)和自上而下法(top-down)。自下而上法就是一开始每个个体都是一个类,然后根据关联原则寻找同类,最后形成一个"类"。自上而下法就是反过来,一开始所有个体都属于一个"类",然后根据关联原则排除异己,最后每个个体都成为一个"类"。

层次聚类算法中比较新的算法有利用层次方法的平衡迭代规约和聚类(Balanced Iterative Reducing and Clustering Using Hierarchies, BIRCH),其主要是在数据量很大的时候使用,而且数据类型是数值型。首先利用树的结构对对象集进行划分,然后再利用其他聚类方法对这些聚类进行优化。

(2) 基于密度划分

DBSCAN(Density-Based Spatial Clustering of Applications with Noise)聚类算法是一种典型基于密度划分的聚类算法,其特点是不依赖于距离,而是依赖于密度,从而克服基于距离的算法只能发现"球形"聚簇的缺点。DBSCAN 的核心思想是从某个核心点出发,不断向密度可达的区域扩张,从而得到一个包含核心点和边界点的最大化区域,区域中任意两点密度相连。

算法的基本思路是:假设在数据库 D 中,选择任意一个数据点 p,以其为中心,以 Eps 为半径划定一个邻域(neighbor);如果在数据点 p 的邻域范围内包含的数据点数量大于或等于最小点数(Pts_{min}),则 p 为核心点(core points),否则为边界点;找到密度可达(density-reachable)、密度相连(density-connected)的所有数据点 o,和核心点 p 一起共同组成最大集合 C,即基于密度的任意形状的簇。通过迭代,不会与空间中的其他点形成有效簇的点就是噪声点。簇可以由其任意核心对象唯一地确定。算法需要设置两个重要参数:邻域半径 Eps 和簇最小点数 Pts_{min}。

DBSCAN 算法将数据分为三类,分别为核心点、边界点和噪声点,如图 4.8 所示。邻域半径 Eps 内样本点的数量大于等于 Pts_{min} 的点叫作核心点。不属于核心点但在某个核心点的邻域内的点叫作边界点。既不是核心点也不是边界点的是噪声点。

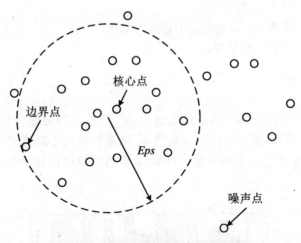

图 4.8 DBSCAN 算法数据点类型示意

DBSCAN 算法的簇里面可以有一个或者多个核心点。如果只有一个核心点，则簇里面其他的非核心点样本都在这个核心点的 Eps 邻域里。如果有多个核心点，则簇里的任意一个核心点的 Eps 邻域中一定有一个其他的核心点，否则这两个核心点无法密度可达。这些核心点的 Eps 邻域里所有的样本的集合组成一个 DBSCAN 聚类簇。

DBSCAN 算法的处理步骤如下：

步骤 1：从数据集中任意选取一个数据对象点 p；

步骤 2：如果对于参数 Eps 和 Pts_{min}，所选取的数据对象点 p 为核心点，则找出所有从 p 密度可达的数据对象点，形成一个簇；

步骤 3：如果选取的数据对象点 p 是边界点，选取另一个数据对象点；

步骤 4：重复步骤 2 和步骤 3，直到所有点被处理。

(3) 基于距离划分

k-means 聚类算法是一种典型的无监督学习，同时也是一种基于距离划分的聚类算法。基本思想是，通过迭代寻找 k 个类的一种划分方法，使得聚类结果对应的损失函数最小。具体应用步骤如下：

步骤 1：数据预处理，主要是标准化、过滤异常数据；

步骤 2：随机选取 k 个类中心，记为 $u_1, u_2, \cdots, u_k$；

步骤 3：计算每个样本到类中心的距离，并将距离最近的样本划分到该类中，定义损失函数如式(4.3)所示，在式(4.3)中，x_k^i 为类别 C_j 的第 k 个样本，n_j 为类别 C_j 中的样本数，u_j 则表示类别 C_j 的中心；

$$C_j = \min \sum_{j=1}^{c} \sum_{k=1}^{n_j} \| x_k^j - u_j \|^2 \tag{4.3}$$

步骤4：k 值加1，更新类中心；

步骤5：重复步骤2~4，直到类中心不再变化；

步骤6：输出最后分类结果。

3. 实例分析

实例一是基于容量-内阻的退役电池分选。电池的容量是衡量电池能否继续使用的一个重要指标，随着电池的不断使用，电池容量会不断衰减，当电池容量小于80%，将不再适合当前使用环境。对20节电池测量电池容量和内阻，其分布如图4.9所示。

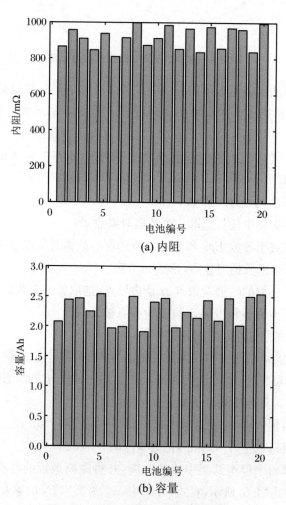

图4.9　20节退役电池内阻容量分布

从图 4.9 可以看出,退役电池容量的分布相差较大,电池内阻也比新电池的值大。为了筛选出适合二次利用的电池,运用 DBSCAN 算法对退役电池进行分选,其结果如图 4.10 所示。

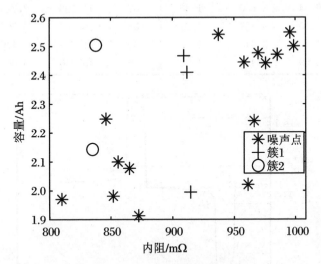

图 4.10 20 节退役电池分选结果

由于 DBSCAN 算法受邻域半径 Eps 和簇最小点数 Pts_{min} 影响,在电池分选过程中,较多电池会被标记为"噪声",图 4.10 即表明了这一点,图中 20 节电池被分成了两簇,在分选过程中 15 节电池被划分为"噪声点",即依据划分准则不能分为一簇的电池数据点,这将不利于退役电池的后续再利用。

实例二是基于改进 k-means 算法的退役电池分选。实验所用退役电池为 18650 型号锂电池,共 50 节,标称电压为 3.7 V,标称容量为 3.4 Ah,实验测试设备为新威 BTS 8.0 系统,环境温度为 25～27 ℃。按照检测要求,对退役电池进行充放电实验。实验测试流程为:① 先将电池放电至电池截止电压,静置 30 min,再采用恒流恒压充电方式将电池充满,静置 1 h;② 对电池以 1C 放电 10 min,搁置 1 h;③ 对电池进行 10 s 脉冲放电,搁置 40 s 后再脉冲充电 10 s;④ 重复测试过程②和③十次后结束实验。图 4.11 为一次 HPPC 测试电压响应曲线。

通过式(4.4)计算可以得到电池内阻,以电池在充满电后静置 1 h 时的电压为开路电压,同时在实验过程中得到的容量为电池初始容量。

$$R_0 = \frac{|U_1 - U_2| + |U_3 - U_4|}{2I} \tag{4.4}$$

接下来进行特征参数提取,按照上述分选方法,提取 20 节退役电池的容量、内阻和开路电压,结果如表 4.2 所示。

表 4.2 部分电池数据

编号	$R_0/\mathrm{m}\Omega$	U/V	C/Ah	编号	$R_0/\mathrm{m}\Omega$	U/V	C/Ah
01	108.89	3.670	1.77	06	107.39	3.895	1.09
02	119.64	3.450	1.36	07	110.98	3.723	1.93
03	139.15	3.537	1.21	08	104.63	3.997	1.95
04	111.50	3.948	1.38	09	111.18	3.446	1.55
05	182.09	3.491	1.06	10	135.10	3.665	1.02

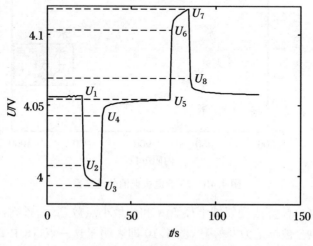

图 4.11 一次 HPPC 电压响应

由于数据量纲不同,需对电池数据进行归一化处理,其计算方法如式(4.5)所示,归一化后的电池数据集 Y 将作为聚类样本输入,在计算样本间距离时能够减小误差。

$$y_i = \frac{x_i - \min_{1<i<n}(x_i)}{\max_{1<i<n}(x_i) - \min_{1<i<n}(x_i)}, \quad x_i \in X \tag{4.5}$$

提取电池静态特征参数,组成待筛选动力电池不一致性数据库。为优化 k-means 聚类算法,引入轮廓系数,在电池分选成组过程中确定 k 值。轮廓系数最早由 Peter J. Rousseeuw 在 1986 年提出,是一种用于评价聚类效果好坏的指标,其包含两种因素:内聚度和分离度。内聚度反映了样本点与类内元素的紧密程度;分离度则体现样本点与类外元素的相异程度。其值的范围在[-1,1],轮廓系数计算公式如式(4.6)所示。

$$s(i) = \begin{cases} 1 - \dfrac{a(i)}{b(i)}, & a(i) < b(i) \\ 0, & a(i) = b(i) \\ \dfrac{a(i)}{b(i)} - 1, & a(i) > b(i) \end{cases} \tag{4.6}$$

其中,$a(i)$ 表示内聚度,通过计算样本 i 与类内其他样本的平均距离得到,计算式如式(4.7),n 表示类内样本个数。$b(i)$ 表示分离度,其中,b_{ik} 表示样本 i 到其他类 C_j 所有样本的平均距离,如式(4.8)所示。$s(i)$ 的值越趋近于 1 代表聚类效果越好,相反越趋近于 -1 时则聚类的效果越差。

$$a(i) = \frac{1}{n-1}\sum_{i \neq j}^{n} dist(i,j) \quad (4.7)$$

$$\begin{cases} b(i) = \min\{b_{i1}, b_{i2}, \cdots, b_{ik}\} \\ b_{ik} = \frac{1}{n}\sum_{j}^{n} dist(i,j) \end{cases} \quad (4.8)$$

结合轮廓系数和 k-means 聚类算法对 50 节退役电池进行分类。图 4.12 为不同 k 值下聚类分选结果,黑色圆圈代表聚类中心,其他颜色圆圈表示电池样本,不同颜色代表不同类。图 4.13 显示不同 k 值下轮廓系数值。可以明显看出,当 k 不同时,聚类效果不一样,当 $k=3$ 时,轮廓系数达到最大值 0.7965,表明此时聚类效果达到最佳。

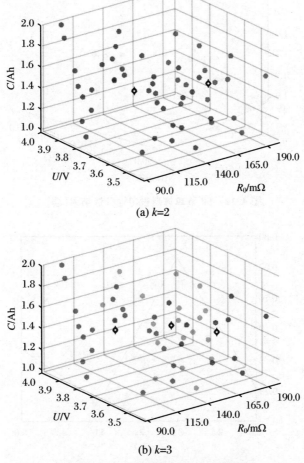

(a) $k=2$

(b) $k=3$

图 4.12　50 节单体退役电池分选结果

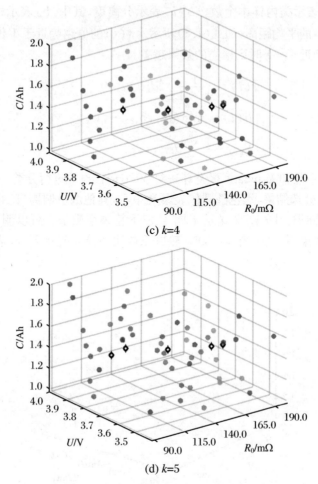

(c) k=4

(d) k=5

图4.12 50节单体退役电池分选结果(续)

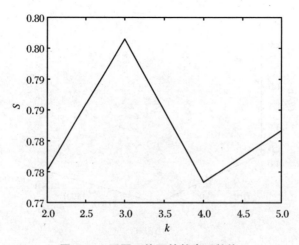

图4.13 不同 k 值下的轮廓系数值

上述分选结果表明,通过对电池进行 HPPC 实验,提取电池容量、欧姆内阻、电压作为电池特征参数,再将特征参数归一化处理,同时在电池筛选成组过程中通过计算轮廓系数评价聚类效果来确定 k 值,该方法降低了电池筛选过程计算量,能够快速有效地将退役动力电池进行聚类重组,且重组后电池组一致性较好,进一步提高退役动力电池测试装置的工作效率。

4.2.2 动态分选

动态分选是指依据单体电池充放电过程中采集的电池数据进行筛选,包括充放电特性曲线、温度、电化学阻抗等。充放电曲线筛选方法能够保证电池的动态一致性,可以满足动力电池组大部分工况下的需求。电池的动态一致性参数主要有电压、内阻和温度,这 3 个参数相互影响、相互关联。动态电压一致性的影响因素有电流、电荷状态、充电效率、自放电率、内阻和温度等。由 $V(t) = V_0 + IR_t$ 可知,动态电压($V(t)$)与静态电压(V_0)、电流大小(I)及方向、动态内阻(R_t)有关。而静态电压 V_0 与电池的电荷状态和自放电率有关。动态内阻包括欧姆内阻(与电荷状态、健康程度、温度有关)和极化内阻(与电流、温度有关)。动态内阻与电流、各单体电池实际容量、电荷状态、健康程度、极化程度和温度有关。温度又与各单体电池的内阻以及各单体电池与环境间的热交换情况有关。所以,动态一致性的 3 个参数之间相互影响,总的来讲,要保证动态一致性就需要保证静态一致性、对能量的输入输出响应一致、性能衰减一致以及管理维护得当。

1. 电池动态特征参数

动态特征参数是在放电过程中随放电时间变化的外特性参数,动态电压受电池电流、电荷状态、自放电效率以及温度等影响,电池荷电状态不能直接估算,需要通过测量电池端电压、充放电电流等进行估算。但是电池荷电状态与电池开路电压、欧姆内阻、极化电阻等有着紧密联系,因此电池荷电状态是电池重要动态参数。

2. 基于两种神经网络算法的分选方法

考虑到电池动态分选过程中将处理大量数据,而神经网络能够很好地处理大数据。下面将介绍两种神经网络算法。

第一种是自组织映射(Self-Organizing Map,SOM)神经网络,它是一种无监督学习网络,不同于一般神经网络基于损失函数的优化训练,SOM 运用竞争学习策略来逐步优化网络。SOM 算法作为一种优良的聚类工具,具有无需监督,能自动对输入模式进行聚类的优点,目前已经得到了广泛的应用。

SOM 神经网络的结构如图 4.14 所示。它由输入层和输出层(竞争层)组成。输入层中神经元的数量由输入网络中向量的数量决定,输出层由神经元排列成二维节点矩阵。输入层的神经元和输出层的神经元通过权值 w 完全连接。当网络接收到外部输入信号时,输出层的神经元受到竞争刺激并分布在输入空间密度最高区域的神经元上。

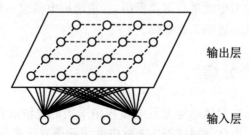

图 4.14 SOM 神经网络结构图

第二种是 Elman 神经网络,它于 1990 年由 Elman 提出,是一种动态的反馈网络,具有动态记忆性能良好,能较好地跟踪时变系统变化等优点。与传统的 BP 神经网络相比,Elman 神经网络是一个反射传输回归开幕地神经网络,在反向传播 BP 结构的基础上将隐含层的反馈信号自联到其输入端点,使之可以记忆隐含层之前时刻的输出值,从而使网络具有动态记忆的效果。它本质上与 BP 神经网络的学习方法相同,即通过梯度下降学习法调节网络的权值,导致训练速度过慢。网络结构如图 4.15 所示。

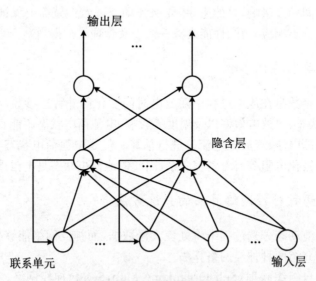

图 4.15 Elman 神经网络结构图

由图 4.15 可知,Elman 神经网络分为四层,相比于 BP 神经网络多了一个承接层,其中承接层又称为上下文层或状态层,其作用是一个一步延时算子,用来动态记忆隐含单元上一时刻的输出值,使得整个 Elman 神经网络具有了记忆功能。隐含层和承接层的神经元数量越多,越有利用于 Elman 神经网络对学习对象的逼近能力,下面给出实例分析。

3. 实例分析

(1) 动态参数提取

本实例实验所用电池为松下 18650 锂电池,额定容量为 3000 mAh,截止电压为 2.5~4.2 V。在室温((25±2)℃)下对电池依次进行恒流充放电实验,实验过程中每隔 1 s 记录单体电池端电压,具体实验流程为:① 静置 10 min;② 恒流 1 A 放电至截止电压 2.5 V;③ 静置 30 min;④ 恒流 1 A 充电至截止电压 4.2 V;⑤ 静置 30 min。得到电池恒流充放电电压曲线如图 4.16(a)所示。由图 4.16 可见,各单体电池电压在充放电过程中表现出明显差异,这也反映各电池性能不同,对电池进行分选再利用很有必要。

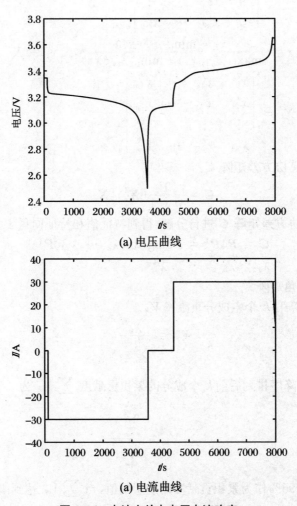

(a) 电压曲线

(a) 电流曲线

图 4.16 电池充放电电压电流响应

(2) 主成分分析与 SOM 神经网络相结合算法

主成分分析可以用较少的新变量替换原来较多的新变量,而且这些较少的新变量能够尽可能多地保留原来所反映的信息。主成分分析与 SOM 神经网络的结合优点在于,主成分中的贡献率引入到 SOM 神经网络的欧式距离函数,通过对神经元竞争阈值的修订,优化 SOM 神经网络的分类准确率。假设数据样本个数为 n,每个样本有 m 个特征,SOM 网络输出为二维拓扑结构,输出神经元个数为 j 个,算法步骤如下:

步骤1:将原始数据按行排列,形成矩阵 X,为消除数据量纲影响,归一化矩阵 X 得到 X'。

$$X = \begin{bmatrix} x_{11} & x_{12} & \cdots & x_{1m} \\ x_{21} & x_{22} & \cdots & x_{2m} \\ \vdots & \vdots & & \vdots \\ x_{n1} & x_{n2} & \cdots & x_{nm} \end{bmatrix}_{n \times m} \tag{4.9}$$

$$x'_i = \frac{x_i - \min_{1<i<n}(x_i)}{\max_{1<i<n}(x_i) - \min_{1<i<n}(x_i)}, \quad x_i \in X \tag{4.10}$$

$$X' = \begin{bmatrix} x'_{11} & x'_{12} & \cdots & x'_{1m} \\ x'_{21} & x'_{22} & \cdots & x'_{2m} \\ \vdots & \vdots & & \vdots \\ x'_{n1} & x'_{n2} & \cdots & x'_{nm} \end{bmatrix}_{n \times m} \tag{4.11}$$

步骤2:计算协方差矩阵 C。

$$C = \frac{1}{n-1}(X')^\mathrm{T} X' \tag{4.12}$$

步骤3:对协方差矩阵 C 进行分解,得到特征值和特征向量 P。

$$C = P\Lambda P^\mathrm{T} = P\mathrm{diag}(\lambda_1, \lambda_2, \cdots, \lambda_M) P^\mathrm{T} \tag{4.13}$$

$$\lambda_1 \geqslant \lambda_2 \geqslant \cdots \geqslant \lambda_M$$

式中,Λ 表示对角矩阵。

步骤4:计算第 k 个主成分贡献率 V_k。

$$V_k = \frac{\lambda_k}{\sum_{i=1}^{M} \lambda_i} \tag{4.14}$$

特征值 λ_k 降序排列后前 k 个成分的累积贡献度 $\sum V_k$ 为

$$\sum V_k = \frac{\sum_{i=1}^{k} \lambda_i}{\sum_{i=1}^{M} \lambda_i} \tag{4.15}$$

在这里,以 95% 作为累积贡献度的期望阈值,当 $\sum V_k$ 达到阈值时,主成分数量 k 为降维后的特征维度 M'。

步骤5：初始化权值 w_0、初始学习率 α_0、最大迭代次数 $T_{\max}$ 和初始领域半径 r_0。

步骤6：寻找获胜神经元，计算输入与所有输出神经元之间的距离（欧氏距离），并选择距离最小的为获胜神经元。

$$d_j = \|X' - W'_j\| = \sqrt{\sum_{j=1}^{m}[X - W_j]^2} \tag{4.16}$$

传统 SOM 神经网络在计算 d_j 的过程中，各个特征维度的权重系数都为1，即每个特征分量的贡献度一致，没有区别。但在真实应用场景中，各个特征的重要程度不同，忽略它们之间的贡献度差异，势必会对 SOM 神经网络的训练造成影响。针对以上原因，书中将主成分分析后的主成分贡献度引入距离函数，作为各个特征维度的权重系数，因此内积 d_j 进一步被改进为 d_j^*，如下式所示：

$$d_j^* = \|V_j(x'_k - w'_j)\| = \sqrt{\sum_{j=1}^{M} V_j [x_{kM'} - w_j]^2} \tag{4.17}$$

步骤7：确定获胜领域，设置邻域距离 d，将距离获胜节点距离 d 范围内的区域视为获胜邻域。

步骤8：权值更新。

$$W_j(t+1) = W_j(t) + \alpha * N(t) * (X - W_j(t)) \tag{4.18}$$

步骤9：学习率、领域半径更新。

$$\begin{cases} \alpha = \alpha_0 \times \left(1 - \dfrac{t}{T_{\max}}\right) \\ r = r_0 \times \left(1 - \dfrac{t}{T_{\max}}\right) \end{cases} \tag{4.19}$$

步骤10：结束判断：迭代次数 $t \geqslant T$ 时，该训练过程被终止，否则返回到步骤2并继续迭代。

PCA-SOM 主要算法实现代码如下：

```
data = zscore(data);
r = corrcoef(data);
[vec1,lamda,rate] = pcacov(r);
save rate rate;
f = repmat(sign(sum(vec1)),size(vec1,1),1);
vec2 = vec1.*f;
max(find(lamda>1));
a = cumsum(rate)./sum(rate);
idx = (find(a>0.90));
num = idx(1);
df = data*vec2(:,1:num);
save df1 df;
```

```
tf = df * rate(1:num)/100;
[stf,ind] = sort(tf,'descend');
stf = stf';
ind = ind';
data = df;
[data_row,data_clown] = size(data);
m = 2;
n = 2;
som_sum = m * n;
w = rand(som_sum, data_clown);
learn0 = 0.1;
learn_rate = learn0;
learn_para = 1000;
iter = 1000;
[I,J] = ind2sub([m, n], 1:som_sum);
neighbor0 = 3;
neighbor_redius = neighbor0;
neighbor_para = 1000/log(neighbor0);
for t = 1:iter
    for j = 1:data_row
        data_x = data(j,:);
        [win_row, win_som_index] = min(dist(data_x,w));
        [win_som_row,win_som_cloumn] = ind2sub([m, n],win_som_index);
        win_som = [win_som_row,win_som_cloumn];
        distance_som = exp( sum((([I(:), J(:)] - repmat(win_som,som_sum,1)).^2),2)/(-2 * neighbor_redius * neighbor_redius)) ;
        for i = 1:som_sum
            w(i,:) = w(i,:) + learn_rate.* distance_som(i).*(data_x - w(i,:));
        end
    end
    learn_rate = learn0 * (1-(t/iter));
    neighbor_redius = neighbor0 * (1-(t/iter));
end
```

从表4.3可以得到,经过主成分分析,前四个主成分的累计贡献率超过90%,

因此可确定其为筛选变量。

表 4.3　退役电池的主成分分析

主成分编号	特征值	贡献率	累计贡献率
1	3.568	44.599%	44.599%
2	2.011	25.142%	69.741%
3	0.929	11.619%	81.359%
4	0.768	9.594%	90.953%
5	0.529	6.608%	97.562%
6	0.129	1.611%	99.173%
7	0.065	0.816%	99.989%
8	0.001	0.011%	100.000%

前四个主成分变量与原始指标之间关系见表4.4，其中，数值表示如何基于新的成分来表征原来的特征变量，也可以用表达式表示，数值大小可以反映出新成分与原特征量的表征程度。

表 4.4　前四个主成分与原始指标的比例成分

原始指标	第1主成分	第2主成分	第3主成分	第4主成分
X_1	0.256	0.126	0.535	−0.778
X_2	0.488	0.155	−0.055	0.189
X_3	0.264	−0.296	0.502	0.454
X_4	0.485	0.178	−0.073	0.178
X_5	−0.041	0.669	0.129	0.195
X_6	−0.217	0.603	0.207	0.139
X_7	−0.298	−0.172	0.625	0.249
X_8	−0.504	0.018	−0.058	−0.026

（3）分选结果

对电池充放电数据提取特征向量形成的样本集，分别利用传统SOM算法和本节所述改进SOM算法对电池聚类分组，结果如图4.17所示。图4.17(a)表明，传统SOM算法将20节电池分为了3类，而本书提出的算法将电池分为了4类。通过对比分析可以看出，改进SOM算法将电池编号为8、10、12、13、14的5节电池分为一类，电池编号前7节电池都分为了一类，编号为9的单独分为一类，说明改进方法分选更合理。

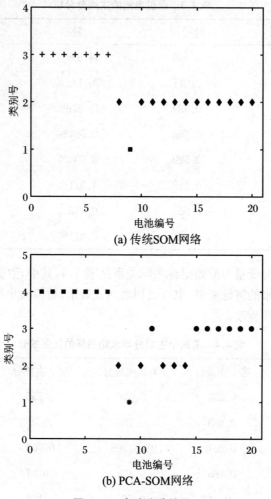

图 4.17 电池分选结果

由前面得到的电池动态特征参数可知,建立的 Elman 神经网络的输入层具有 8 个神经元,隐含层和承接层分别有 5 个神经元,输出层有 3 个神经元(图 4.18)。其中输入层的 8 个神经元分别对应着样本数据的 8 个输入,而 3 个输出分别对应着最终的分类结果。如分类结果为第一类型,则第一个神经元的输出为 1,其他的为 0,以此类推。在进行 Elman 神经网络判断模型识别时,可能会出现中间情况,这时选择输入值最大的神经元类型为判断类型。通过对学习样本进行归一化处理,设置训练次数为 1000 次,求得了 Elman 神经网络的训练过程误差曲线图。

由图 4.19 可知,训练效果较好,经过 1000 步的迭代训练,设计的 Elman 神经网络的分选误差降到预期目标的 0.11%,训练效果比较理想。

第4章 退役动力电池的一致性评估研究

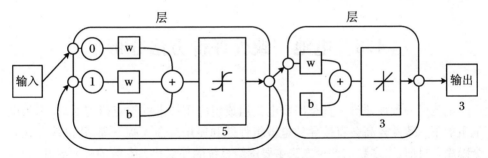

图 4.18 Elman 神经网络

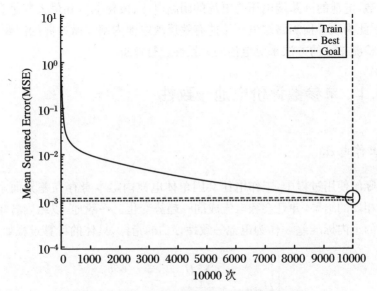

图 4.19 Elman 神经网络的训练过程误差曲线

同时,为了验证所设计的 Elman 神经网络分选模型的泛化能力,选择另外 90 节单体锂离子电池的充电电压曲线图进行分选,其测试结果如表 4.5 所示。

表 4.5 Elman 神经网络模型验证结果统计

类型	1	2	3	4	5	6
电池总数	15	15	15	15	15	15
正确数目	13	12	12	12	14	11
错误数目	2	3	3	3	1	4
相对误差	13.3%	20%	20%	20%	6.6%	26.6%

由表 4.5 中的结果可知,Elman 神经网络分选模型的泛化能力并不太强,最大误差达到了 26.6%。由此可知,Elman 神经网络分选适用于电池数量小的模型,随着待分选电池数量的增多,分选误差也会增加。

4.3 电池一致性评价方法分析

电池组一致性评价一直是串联电池组成组应用技术的重点研究对象,因为电池组的不一致性较高会直接导致电池组性能和使用寿命大幅下降,并可能存在安全隐患。目前,大多数的评价方法主要围绕系统的外部状态参数的检测展开,为电池均衡控制策略和管理系统提供数据支持和理论依据。较为常用的评价方法是基于电池参数,电池的开路端电压与电池的闭路电压、极化电压和最大容量有着密切的联系,因此为改善检测路端电压不能有效反映电池内部细微差异的问题,分别采用了不同检测指标的方法来对电池的一致性进行评价。

4.3.1 单参数评价电池一致性

1. 工作电压

在实际的使用过程中,工作电压会因单体电池内阻本身存在差异而呈现出与真实情况相反的结果,并且会和电流成同一趋势变化。一般地,以组内各单体电池工作电压的组内标准差 σ 作为电池一致性评估的指标,具体的计算过程如下:

$$\begin{cases} U_{\text{average}} = \dfrac{\sum\limits_{i=1}^{n} U_i}{n} \\ \sigma = \sqrt{\dfrac{\sum\limits_{i=1}^{n} (U_i - U_{\text{average}})^2}{n-1}} \end{cases} \quad (4.20)$$

式中,n 为每类中电池数量;U_i 表示第 i 节电池电压;U_{average} 表示电池组平均电压。

2. 容量利用率

根据能量可利用理论,串联电池组能够使用的最大容量,可以用组内容量最小的单体电池来代替,其量化指标通常用利用率来表示。首先规定最大可用容量 $Q_{\max}$ 为最大可充电容量,由 Q_{ch} 与最大可放电容量 Q_{dch} 共同组成。其次定义容量利用率 η 为 $Q_{\max}$ 与组内电池最大容量值 $Q_{\max}^{\text{B}}$ 之比。

若计算结果接近于1,说明该电池组的一致性很好;反之,若与1的偏离程度较高,则需要相应的手段来改善电池组的一致性。

3. SOC 离散度

动力电池的 SOC 是通过多个参数耦合得到的,因此相比于单纯使用工作电压进行计算,使用 SOC 则更为实用和合理,而且 SOC 也比工作电压包含了更多的电池信息,也很好地代表了动力电池当前所处的状态,作为一致性评价的参数指标是可行的。在结合数据统计原理和动力电池实际参数的基础上,这里给出了电池组 SOC 离散度的描述,由 SOC 整体离散度和极限离散度组成,如式(4.21)所示。

$$\begin{cases} \varepsilon_{p^+} = SOC_{max} - SOC_m \\ \varepsilon = \sqrt{\sum_{i=1}^{n}(SOC_i - SOC_m)^2/n} \\ \varepsilon_{p^-} = SOC_{min} - SOC_m \end{cases} \quad (4.21)$$

式中,ε 为电池组的整体离散度,n 为电池组内电池单体数目,SOC_i 为组内第 i 节单体的荷电状态,SOC_m 为电池组平均荷电状态,ε_{p^+} 为电池组正向极限离散度,ε_{p^-} 为电池组负向离散度,SOC_{max} 为组内电池单体荷电状态最大值,SOC_{min} 为电池单体荷电状态最小值。

式(4.21)中的第二项代表了电池组整体 SOC 的离散度特性,也是所有单体电池 SOC 的标准误差,用来对整个电池组 SOC 的离散状态进行描述,该计算结果不会因为组内个别较大的偏差值而产生明显偏移。

4.3.2　多参数评价电池一致性

单参数评价方法都是选择其中一个参数来评价电池一致性,还可以将电压、容量、内阻、放电倍率等参数中的两个或者多个参数组合来评价一致性。多参数评价方法往往通过建立评分准则,对待评价电池单体或电池组进行评分比较。熵权法是一种客观赋权方法,在具体使用过程中,根据各指标的数据的分散程度,利用信息熵计算出各指标的熵权,再根据各指标对熵权进行一定的修正,从而得到较为客观的指标权重。

以电池多参数为评价对象。选择容量 C、电压 V、温度 T 和电阻 R 作为评价因子。其评价步骤如下:

步骤 1:在明确评价对象和评价因素的基础上,采用信息熵法建立了评价模型。假设电池组中的单体数为 n,所选的评价因子数为 m。然后,评价系统的原始数据矩阵 X 如式(4.22)所示。

$$X = (x_{ij})_{n \times m} = \begin{bmatrix} x_{11} & x_{12} & \cdots & x_{1m} \\ x_{21} & x_{22} & \cdots & x_{2m} \\ \vdots & \vdots & & \vdots \\ x_{n1} & x_{n2} & \cdots & x_{nm} \end{bmatrix}_{n \times m} \quad (4.22)$$

其中，x_{ij} 表示第 i 个电池单体对应的第 j 个评价因子。

步骤 2：由于每个评价因子的维数不同，因此对原始矩阵进行归一化，得到所有评价因子的归一化矩阵 Y。

步骤 3：求评价因子的熵值 S_j。

$$S_j = -k \sum_{i=1}^{n} y_{ij} \ln(y_{ij}), \quad j = 1, 2, \cdots, m \tag{4.23}$$

其中，k 是与样本相关联的常数。

步骤 4：计算第 j 个评价因子的熵权，并确定其权重。所有 w_j 的和等于 1。然后就得到了归一化矩阵的权值矩阵。w_j 越小，权重越小，评价因子就越小。

$$w_j = \frac{1 - S_j}{m - \sum_{j=1}^{m} S_j}, \quad j = 1, 2, \cdots, m \tag{4.24}$$

步骤 5：得到评价因子的评价矩阵 Z。

$$Z_{n \times 1} = Y_{n \times m} W_{m \times 1} \tag{4.25}$$

其中，Z 表示评价值。评价值越大，性能评价效果越好；相反地，性能则更差。

步骤 6：计算评价矩阵中各元素的标准差，得到整个电池组不一致的定量评价数据。

步骤 7：通过将整个电池组的不一致定量评价数据与预设的不一致程度阈值进行比较，可以确定电池组的不一致程度。

针对不同应用环境设定不同评价值标准。建立的多参数评价指标能够全面评价电池各方面特性，但是多参数评价法不能反映出动力电池充放电过程中的特性。

本 章 小 结

本章对退役动力电池的一致性影响因素、退役单体电池的分选方法和电池的一致性评估方法进行了理论和实验研究。主要创新工作包括以下三点。

（1）通过对新旧电池组的实验测试以及实验数据进行分析，明确了电池容量不一致、电池内阻不一致、电池放电深度不一致和电池温度不一致等都会导致电池组的一致性衰减，为电池一致性分选的特征参数的选取提供依据。

（2）针对现有退役动力电池聚类筛选方法计算量大、效率低等问题，提出了一种基于轮廓系数的 k-means 聚类算法并对退役动力电池进行聚类筛选的静态分选方法，通过对电池进行 HPPC 实验，提取电池容量、欧姆内阻、电压作为电池特征参数，再将特征参数归一化处理，同时在电池筛选成组过程中通过计算轮廓系数评价聚类效果来确定 k 值。实验结果表明，该方法降低了电池筛选过程计算量，能够快速有效地将退役动力电池进行聚类重组，且重组后电池组一致性较好，可以进一步提高退役动力电池测试装置的工作效率。

（3）针对电池动态分选过程中电池充放电曲线识别数据量大、聚类繁杂等问题，提出了两种电池动态分选方法：PCA-SOM 神经网络方法和 Elman 神经网络方法。PCA-SOM 神经网络分选方法依据电池充放电曲线，提取出表征电池关键信息的特征量并进行主成分分析，得到新的特征变量，然后利用 SOM 神经网络对电池进行聚类，得到分类结果。Elman 神经网络则通过对部分电池特征量进行训练以建立分选模型，从而完成对所有电池的分选。两种方法相比较，PCA-SOM 神经网络分选方法的分选结果更加准确，但计算复杂度更高；而 Elman 神经网络分选方法计算复杂度低，但泛化能力较弱，适用于电池数量小的模型，随着待分选电池数量的增多，分选误差也会增加。

第 5 章 退役动力电池规模化重组技术研究

由于单体电池电压、容量的制约,为了满足用电设备、储能系统高电压、大容量的要求,锂电池通常采用串联、并联或串并联混合的方式来提高电能的存储容量。然而,锂电池在制造过程中不可避免地会出现不一致的情况,这种不一致的程度,会随着使用时间的延长,循环次数的增加而被逐渐放大。同时锂电池的典型参数,例如交流内阻、直流内阻、电压等参数在不同的荷电状态下也会不同,导致电池单体之间的不一致。本章将在前3章研究的基础上,首先对退役动力电池串联重组、并联重组和规模化串并联重组后的性能进行分析,其次分析退役电池重组后各电池单体之间的均衡控制方法,建立基于常规 PID 控制策略和模糊 PID 控制策略的退役电池组均衡控制系统模型,并验证所提均衡控制方法的有效性。

5.1 退役电池串联重组后性能分析

电池串联使用中,单体电池 SOC 不一致,造成单体电池参数不同,随着使用时间和循环次数的增加,各单体电池容量衰减和老化程度各有不同,严重的会导致部分电池过充电或过放电。电池管理系统的存在,会较大程度上缓解电池不一致的问题。

在电池串联成组过程中,电池串联拓扑结构如图 5.1 所示,主要满足实际使用过程中负载电压需求。在电池不断使用过程中,电池衰退以及老化过程会加剧电池组不一致,从而降低电池组利用率。电池串联成组后电池组电流一定,各单体电池电压容易测量,常用于评价电池组一致性。

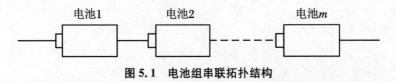

图 5.1 电池组串联拓扑结构

图 5.2 为三节单体电池串联后形成的电池组电路,串联电池组遵循"木桶效

应",即电池组的整体性能取决于电池组中的最差的一节电池,可用容量取决于电池组中可用充电容量和可用放电容量最小的单体。

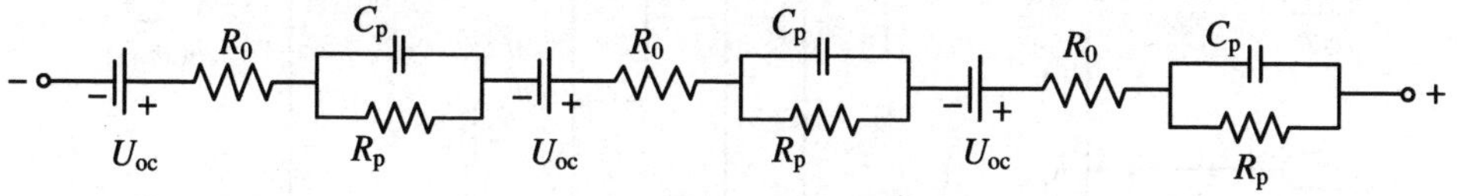

图 5.2 三节单体电池串联电路结构

成组后容量和 SOC 分别记为 C_{3S} 和 SOC_{3S},则有

$$C_{3S} = \min[C_1 \times SOC_1, C_2 \times SOC_2, C_3 \times SOC_3] \\ + \min[C_1 \times (1-SOC_1), C_2 \times (1-SOC_2), C_3 \times (1-SOC_3)] \quad (5.1)$$

$$SOC_{3S} = \frac{\min[C_1 \times SOC_1, C_2 \times SOC_2, C_3 \times SOC_3]}{C_{3S}} \quad (5.2)$$

串联电池组电压关系如下:

$$U_{OCV3S} = \sum_{k=1}^{3} U_{ocvk} \quad (5.3)$$

为研究影响电池组串联电压的因素,在 MATLAB/Simulink 中搭建了基于一阶 RC 等效电路的电池组串联结构模型,如图 5.3 所示,其中,图 5.3(a)为串联电池组模型整体结构,图 5.3(b)为单体电池模型结构,主要输入参数有电流、容量、欧姆内阻、极化内阻和极化电容,输出有 SOC 和端电压 U_L。模型采用标准电池参数为 3.6 V/3.4 Ah,初始 SOC 为 100%。利用所建立的串联电池组仿真模型,可以研究电池初始 SOC、欧姆内阻、初始容量以及极化电阻和极化电容对串联电池组电压的影响。

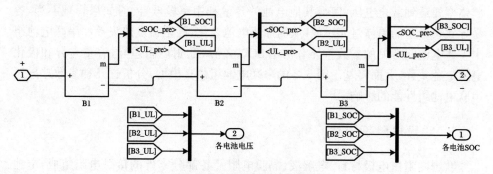

(a) 串联电池组模型整体结构

图 5.3 串联电池组仿真模型

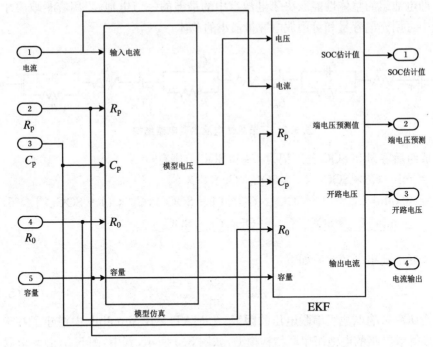

(b) 单体电池模型结构

图 5.3　串联电池组仿真模型(续)

受电池制造工艺和使用环境影响,单体电池间总是存在一定参数差异,在电池串联使用过程中这些参数差异会影响电池组的输出电压和输出能量,甚至会加速电池老化。例如,串联电池组内单体容量存在差异时,随着不断充放电,容量小的单体率先达到截止电压,使得其他电池的容量利用率较低,同时如果管理不当,容易导致容量小的单体过充过放,从而加速电池老化,甚至引发热失控。串联电池组中单体电池间常见的参数差异有初始 SOC 差异、欧姆内阻差异、容量差异和极化电阻电容差异,下面将基于图 5.3 的串联电池组仿真模型,分析这几种参数差异对串联电池组性能的影响。

1. 欧姆内阻不一致

欧姆内阻由电极材料、电解液、隔膜电阻及各部分零件的接触电阻组成,电池的欧姆内阻由电池的总电导率决定,随着锂电池的不断使用,电池内阻会不断增加。假设编号为 1 号、2 号、3 号的电池欧姆内阻阻值满足 $R_1 < R_2 < R_3$,电池其他状态参数相同,电池容量为 C。基于一阶 RC 等效电路,发现欧姆内阻越小,则电池端电压越大,即 $U_{L1} > U_{L2} > U_{L3}$,所以放电时 3# 电池率先达到放电截止电压。

单体电池容量利用率为

$$\eta_c = \frac{(1 - \text{SOC}_{放电截止}) \times C}{C} = 1 - \text{SOC}_{放电截止} \tag{5.4}$$

由于单体电池容量一致,则串联电池组容量不变,串联电池组容量利用率为

$$\eta_c = 1 - \text{SOC}_{放电截止} \tag{5.5}$$

能量利用率为放电能量与充电能量之比,由于单体电池内阻不同,则放电截止电压的时间也不同,电池组能量利用率为

$$\eta_E = \frac{\int_0^t [V_1(t) + V_2(t)] \mathrm{d}t}{2\int_0^t V_1(t) \mathrm{d}t} \tag{5.6}$$

基于搭建的图 5.3 所示的串联电池组仿真模型,针对单体电池间欧姆内阻差异对串联电池组性能的影响进行仿真分析。设定编号为 1 号、2 号、3 号的电池欧姆内阻分别为 $0.02\ \Omega$、$0.1\ \Omega$ 和 $0.5\ \Omega$,以 2 号电池为参考标准,电池容量 C 为 3400 mAh,初始 SOC 设定为 1,在 1 A 的恒流放电工况下进行仿真,当任一电池放电电压达到 2.5 V 时,放电停止。

图 5.4 为欧姆内阻差异对串联电池组端电压影响,可以看出,由于电池初始容量、初始 SOC 以及其他参数一样,放电一开始电池端电压都一样。3 号电池欧姆内阻最大,对电流的阻碍作用最大,在放电前期端电压明显小于另外两节电池。1 号电池欧姆内阻最小,端电压衰减最小,放电截止时端电压值为 3.0 V,电池容量利用率低。串联电池组放电能量取决于 3 号电池,如果放电继续,会导致 3 号电池过度放电,从而损坏电池,缩短电池使用寿命。

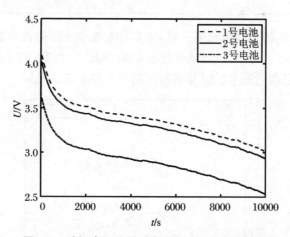

图 5.4 欧姆内阻差异对串联电池组端电压影响

2. 初始容量不一致

串联电池组的容量差异会导致同一放电时刻电池间 SOC 的不同,进而造成单体参数不同,随着使用时间和循环次数的增加,各单体电池容量衰减和老化程度各

有不同,严重的会导致部分电池过充电或过放电。将 2 节初始容量不一致的单体电池串联成组,假设 $C_1 < C_2$,电池其他参数相同,满电状态。结合安时积分计算 SOC 和 OCV-SOC 关系式,可以得到

$$U_{ocv} = f\left(1 - \frac{It}{C}\right) \tag{5.7}$$

由于 $C_1 < C_2$,根据电池端电压与开路电压之间的关系,电池端电压满足 $U_{L1} < U_{L2}$,即 1 号电池在放电过程中先达到放电截止电压。串联电池组容量利用率和能量利用率分别如式(5.8)和式(5.9)所示。

$$\eta_c = \frac{C_1}{C_2} \tag{5.8}$$

$$\eta_E = \frac{\int_0^t [V_1(t) + V_2(t)] dt}{2\int_0^t V_1(t) dt} \tag{5.9}$$

将 2 节容量不同的电池串联成组,任一电池端电压小于 2.5 V 停止放电。利用 4 节电池设置了三组容量差值对比实验,所用电池容量参数如表 5.1 所示。

表 5.1 单体电池容量参数

电池编号	最大可用容量/Ah
1 号	2.3
2 号	3
3 号	3.4
4 号	3.6

将 2 节 3 号电池串联组成第一组,将 1 号电池和 4 号电池串联为第 2 组,2 号电池和 3 号电池串联为第 3 组,满电状态初始 SOC 均为 1。在 1 A 的恒流工况下分析,三组串联电池组端电压以及误差如图 5.5 和图 5.6 所示。

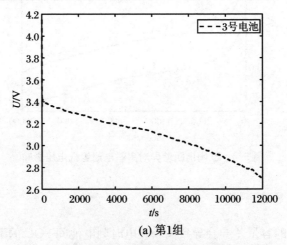

(a) 第1组

图 5.5 初始容量不一致对串联电池组端电压影响

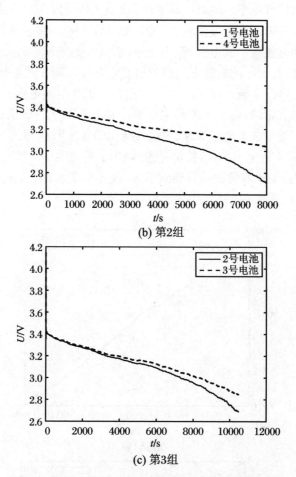

图 5.5 初始容量不一致对串联电池组端电压影响(续)

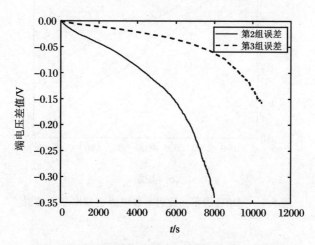

图 5.6 初始容量不一致时串联电池组端电压误差

图 5.5 为初始容量不一致对串联电池组端电压影响的仿真结果,可以发现,由于 1 号电池和 4 号电池容量差值较大,所以第 2 组端电压差值比较大且与另外两组相比放电时间也较短。放电前期,由于电池其他参数相同,电池电压衰减一致,但随着时间推移,容量小的电池先达到放电截止电压。随着放电时间的继续,放电截止时第 2 组端电压差值达到了 0.35 V 左右,而第 3 组端电压差值仅有 0.15 V。由于电池其他参数相同,端电压差异主要是由初始容量不一致引起的。同时初始容量不一致时三组串联电池组 SOC 变化情况如图 5.7 所示,由于第 2 组容量差异较大,1 号电池和 4 号电池 SOC 差值是最大的,1 号电池 SOC 降为 0 时 4 号电池 SOC 为 0.4 左右,初始容量的差异导致 SOC 差异不断增加,从而使电池其他参数差异也会加大,最终加速电池老化甚至损坏电池。

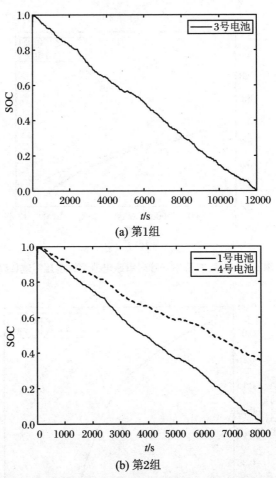

(a) 第1组

(b) 第2组

图 5.7 初始容量不一致时串联电池组 SOC 仿真结果

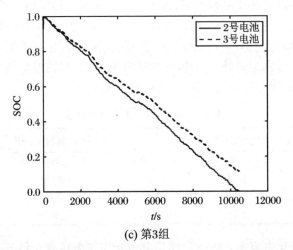

(c) 第3组

图 5.7 初始容量不一致时串联电池组 SOC 仿真结果(续)

3. 单体间极化程度不一致

电池在放电过程中,负载电流在电池内阻上会产生压降,导致电池压降降低。当放电结束时,电流为零,电池欧姆内阻上的压降为 0 V,但是由于电池的极化效应存在,此时电池电压会有一定回升。脉冲放电时电池电压曲线如图 5.8 所示,在整个过程中,无论是电池电压的缓慢下降,还是放电结束时电压的回升过程都与电池的极化效应有关。电池极化效应主要受极化电容和极化电阻影响,$U_4 U_5$ 段电压缓慢回升就是由极化电容 C_p 通过极化电阻 R_p 放电,形成一个零输入响应,导致电池电压缓慢回升。

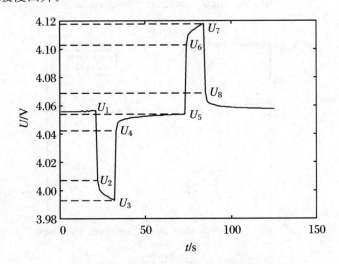

图 5.8 恒流脉冲放电电压曲线局部放大

由于极化电阻远小于欧姆内阻,在恒流工况下对电池端电压的影响较弱,因此主要考虑极化电容对电池端电压的影响。为研究极化电容对串联电池端电压影响,设计了三组极化电容不一致的串联电池组,各单体电池极化电容如表 5.2 所示。将 1 号电池分别与另外 3 节电池串联成组,在 1 A 的恒流放电工况下进行分析,主要观察对比放电结束后电压与 SOC 的变化情况。

表 5.2　单体电池极化电容参数

电池编号	极化电容 C_p/F
1 号	1000
2 号	2000
3 号	500
4 号	1500

图 5.9 为极化电容不一致时三组串联电池组端电压变化情况,图 5.10 为对应着串联电池组端电压误差变化情况。

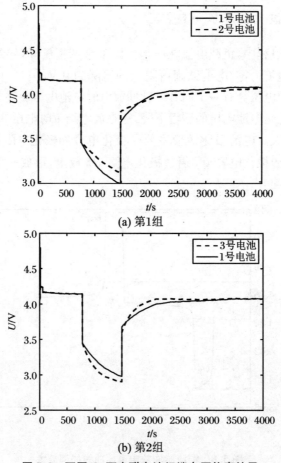

(a) 第1组

(b) 第2组

图 5.9　不同 C_p 下串联电池组端电压仿真结果

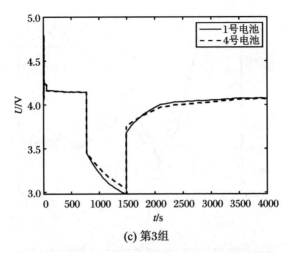

(c) 第3组

图 5.9　不同 C_p 下串联电池组端电压仿真结果(续)

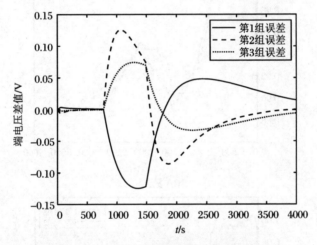

图 5.10　不同 C_p 下串联电池组端电压误差

从图 5.9 中可以看出，不同极化电容的影响下，端电压在放电结束后电压突变值不同，同时电池缓慢回升过程也有较大差异。第 1 组串联电池由于极化电容相差较大，在 1500 s 左右时电压回升差值达到了 0.2 V，此后静置很长一段时间 1 号电池电压才与 2 号电池电压一致。图 5.11 为不同 C_p 下串联电池组 SOC 变化曲线，图 5.12 为不同 C_p 下串联电池组 SOC 误差曲线，可以发现第 1 组 SOC 误差最大，通过分析得到极化差值与端电压差值以及 SOC 差值呈正相关。

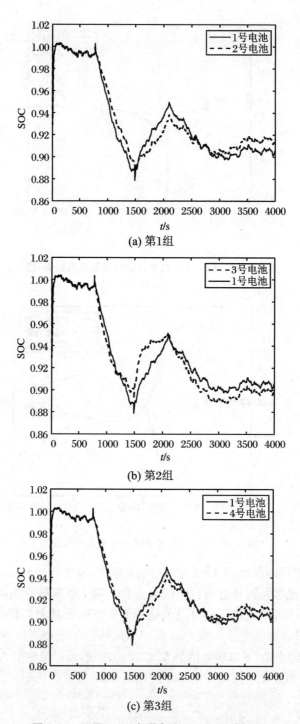

图 5.11 不同 C_p 下串联电池组 SOC 仿真结果

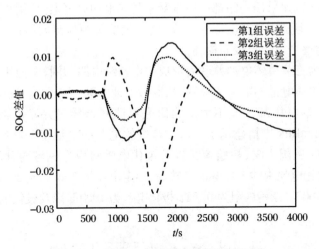

图 5.12 不同 C_p 下串联电池组 SOC 误差

5.2 退役电池并联重组后性能分析

锂电池并联成组时(图 5.13),在成组单体电池容量、初始状态一致的情况下,电池内阻会形成并联支路平台期较稳定的不平衡电流,造成并联支路 SOC 变化出现不一致现象,由于电池极化内阻在电池状态末端的急剧变化,并联支路在充电末端会出现较大的不平衡电流。并联成组筛选时,可以通过电池欧姆内阻、极化内阻的分布来分析支路充电末端的不均衡电流值。在实际并联电池组使用过程中,支路电池各个参数的不一致往往同时存在,并联成组后的支路电流分配受多种不一致的参数影响。

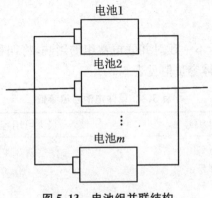

图 5.13 电池组并联结构

电池并联时,如果任一路都可以承受总的充电和放电电流,则可以不必太多考虑偏流的问题,但是如果总电流比较大,则必须要避免偏流问题的发生,否则会导致各个电池组逐个由于过载而损坏。

图 5.14 为三节单体电池并联后形成的电池组电路,并联电池组因参数存在差异,导致流经单体电池的电流不一致,从而对电池 SOC 变化以及放电深度有影响,而单体电池的端电压却相差不大。为研究单体间差异对并联电池组的影响,在 MATLAB/Simulink 中搭建基于一阶 RC 等效电路的电池组并联结构,研究单体电池初始 SOC、欧姆内阻、初始容量以及极化电阻和极化电容对并联电池组的影响。采用的对比电池中的 1 号电池参数为:额定电压为 3.6 V,初始容量为 3.4 Ah,初始 SOC 为 100%,欧姆内阻为 0.7 Ω,极化电容为 1000 F 以及极化电阻为 0.05 Ω。

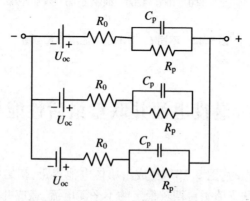

图 5.14 一阶 RC 并联电路结构

并联电池组仿真模型整体结构如图 5.15 所示,在锂电池的实际并联成组应用中,并联支路由于受到电池间参数差异的影响,在工作中会出现电流不均衡的现象,并联支路电流同时还受到本条支路和其他支路的参数影响。将 2 节参数不一致的电池并联成组并分析电池参数差异对电池电压、SOC 变化的影响。

1. 容量不一致

为研究单体间容量不一致对并联电池组的影响,将四种容量不同的电池单体并联成组进行研究,具体容量值见表 5.3。

表 5.3 单体电池容量参数

电池编号	最大可用容量/Ah
1 号	3.4
2 号	2.3
3 号	3
4 号	3.6

基于图 5.15 搭建的并联电池组仿真模型，针对单体电池间容量差异对并联电池组性能的影响进行仿真分析。以 1 号电池为参考标准，电池容量 C 为 3400 mAh，初始 SOC 均设定为 1，在 2 A 的恒流放电工况下进行仿真，当任一电池放电电压达到 2.5 V 时，放电停止。图 5.16 为容量差异下并联电池组端电压仿真结果，图 5.17 为容量差异下并联电池组 SOC 仿真结果。

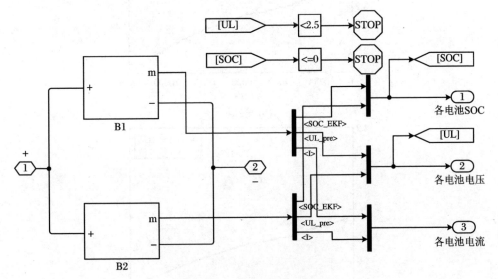

图 5.15　并联电池组模型结构

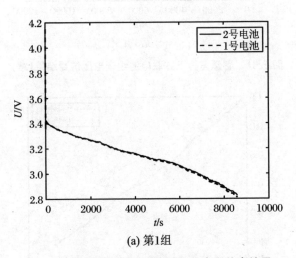

(a) 第1组

图 5.16　容量差异下并联电池组端电压仿真结果

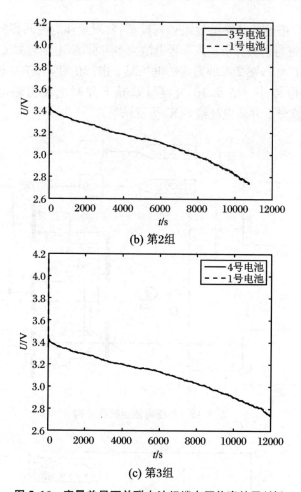

(b) 第2组

(c) 第3组

图 5.16 容量差异下并联电池组端电压仿真结果(续)

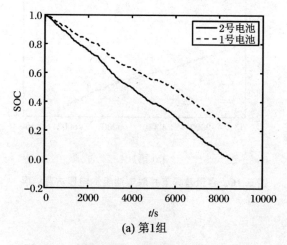

(a) 第1组

图 5.17 容量差异下并联电池组 SOC 仿真结果

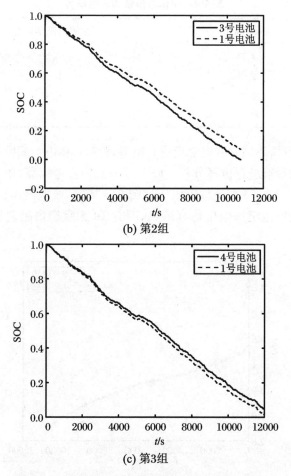

图 5.17 容量差异下并联电池组 SOC 仿真结果(续)

从图 5.16 电池端电压的变化来看,并联时电池容量差异对端电压影响较小,无论是容量差异较大还是较小,单体电池端电压能够保持较小的误差状态。但是由于容量差异,导致并联电池组电流出现不均衡现象,从而对电池 SOC 产生较大影响。从图 5.17(a)发现,由于 1 号电池与 2 号电池容量差异最大,SOC 变化也较大。与串联成组方式相比,容量差异下并联成组对电池 SOC 影响较大,主要是电流不均衡造成的。

2. 欧姆内阻不一致

为研究单体间欧姆内阻不一致对并联电池组的影响,将对四种欧姆内阻不同的电池单体并联成组进行研究,各单体内阻值见表 5.4。

表 5.4　单体电池欧姆内阻参数

电池编号	欧姆内阻 R_0/Ω
1号	0.7
2号	0.5
3号	0.1
4号	2

基于图 5.15 搭建的并联电池组仿真模型，针对单体电池间欧姆内阻差异对并联电池组性能的影响进行仿真分析。以 1 号电池为参考标准，在 2 A 的恒流放电工况下进行仿真，当任一电池放电电压达到 2.5 V 时，放电停止。图 5.18 为欧姆内阻差异下并联电池组端电压仿真结果，图 5.19 为欧姆内阻差异下并联电池组 SOC 仿真结果。

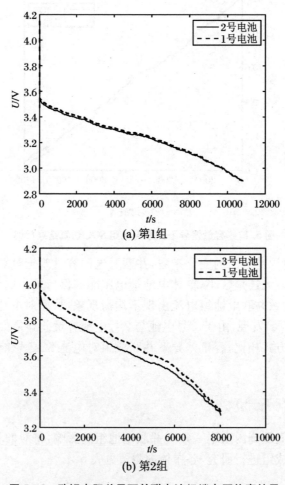

图 5.18　欧姆内阻差异下并联电池组端电压仿真结果

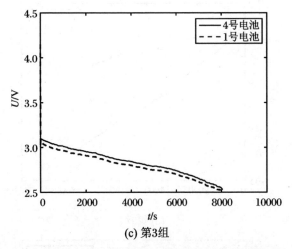

(c) 第3组

图 5.18 欧姆内阻差异下并联电池组端电压仿真结果(续)

从图 5.18 可以看出,在欧姆内阻的影响下,各并联电池组放电时间不一致,第 1 组由于欧姆内阻差异较小,所用电池组放电时间较长。而第 2 组和第 3 组虽然放电时间相差不大,但端电压却存在一定的差值。图 5.19 所示的 SOC 变化曲线更能说明欧姆内阻对并联电池组的影响,欧姆内阻越大,对电流阻挡作用越大,SOC 变化则越缓慢。第 2 组和第 3 组 SOC 曲线印证了该现象。

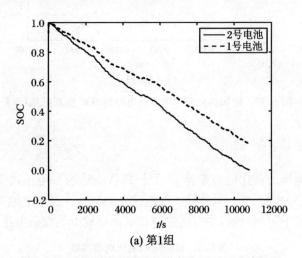

(a) 第1组

图 5.19 欧姆内阻差异下并联电池组 SOC 仿真结果

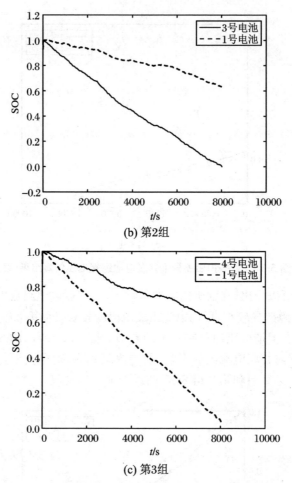

图 5.19 欧姆内阻差异下并联电池组 SOC 仿真结果(续)

3. 极化电容不一致

在并联电池组的极化电容差异下,分析并联电池组端电压的变化情况。各单体电池极化电容如表 5.5 所示。将 1 号电池分别与另外三节电池并联成组,在 1 A 的恒流放电工况下进行分析,主要观察对比电池组放电结束后电压回升情况。

表 5.5 单体电池极化电容参数

电池编号	极化电容 C_p/F
1 号	1000
2 号	500
3 号	1500
4 号	2000

图 5.20 为极化电容差异下三组并联电池组端电压仿真结果,可以明显看出,与串联成组方式相比,极化电容差异对并联电池组的端电压几乎没有影响。即使第 3 组极化电容差异较大时,在放电结束后 1 号电池和 4 号电池电压曲线差值也是比较小,图 5.21 为极化电容差异下并联电池组 SOC 误差,从 SOC 误差曲线也能够发现,在并联时,极化电容对电池组影响很小。

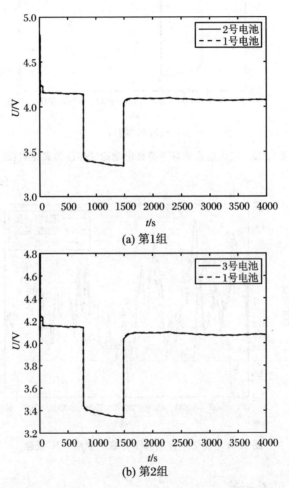

图 5.20 极化电容差异下并联电池组端电压仿真结果

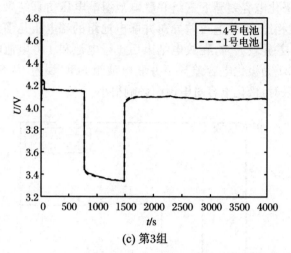

(c) 第3组

图 5.20 极化电容差异下并联电池组端电压仿真结果(续)

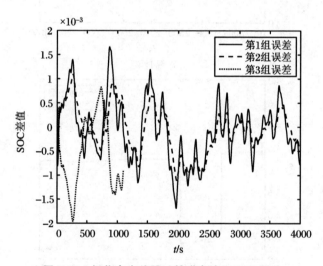

图 5.21 极化电容差异下并联电池组 SOC 误差

4. 极化电阻不一致

在并联电池组的极化电阻差异下,分析并联电池组端电压的变化情况。各单体电池极化电阻如表 5.6 所示。将 1 号电池分别与另外三节电池并联成组,在 1 A 的恒流放电工况下进行分析,主要观察对比放电结束后电池组端电压的回升情况。

表 5.6 单体电池极化电阻参数

电池编号	极化电阻 R_p/Ω
1号	0.05
2号	0.02
3号	0.1
4号	0.5

图 5.22 为三组极化电阻差异下并联电池组端电压仿真结果,与极化电容对并联电池组的影响相比,极化电阻对并联电池组的影响要大,且极化电阻差异越大,对电池端电压影响越大。极化电阻越大,端电压越小,这与欧姆内阻对并联电池组的影响是一致的。

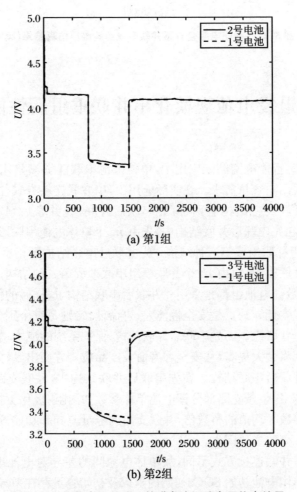

图 5.22 极化电阻差异下并联电池组端电压仿真结果

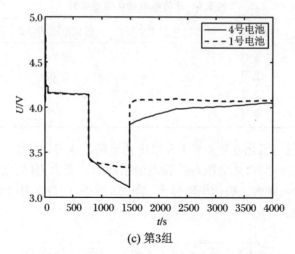

(c) 第3组

图 5.22　极化电阻差异下并联电池组端电压仿真结果(续)

5.3　退役电池规模化串并联重组后性能分析

在电动汽车、智能电网储能应用中,单体电池串联能够满足用户电压需求,而并联则可以满足用户容量需求。在实际应用中,串并联连接方式往往同时存在,典型的电池组串并联连接结构有两种:先串联后并联、先并联后串联,如图中 5.23 (a)、(b)所示。在先串联后并联结构中,先由 m 个单体电池串联形成串联模组,再由 n 个串联模组并联组成第一种结构。先并联后串联结构则相反,先由 n 个单体电池并联形成并联模组,再由 m 个并联模组串联形成第二种结构。

目前,大多数锂电池组都是采用先并联后串联结构,这样做的优点是保护电路和均衡电路的成本低。缺点是安全性能差、寿命低,特别是有个别单体电池有微短路时将影响整个并联组。而先串联后并联结构,保护系统的成本增加很多,但安全性与使用寿命都将大大提高,从安全和寿命及产品质量方面出发,先串联后并联结构明显优于先并联后串联结构。在先串联后并联结构中,并联支路的串联部分锂电池单体数目越多,整条支路部分锂电池单体参数如内阻、极化更接近统一批次部分锂电池单体参数平均值的整数倍,并联支路的容量差异和初始 SOC 差异成为导致并联电流不平衡的主要因素。

由于电池串并联连接方式不同,故单体电池间的差异对电池串并联组的影响也不同。考虑单体电池初始 SOC、初始内阻以及初始容量存在差异,以电池组端电压为度量标准,研究对电池组串并联不同拓扑结构的影响。以 6 节单体电池为研究对象,其不同拓扑结构如图 5.24 所示,采用恒流放电模式,研究单体电池间差异对电池组不同拓扑结构的影响。

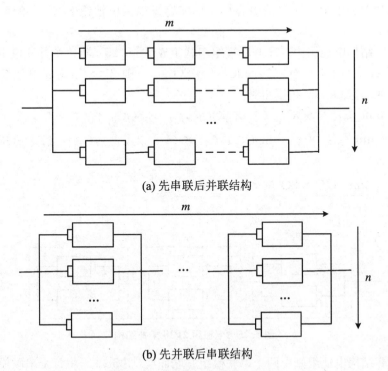

图 5.23 电池组串并联拓扑结构

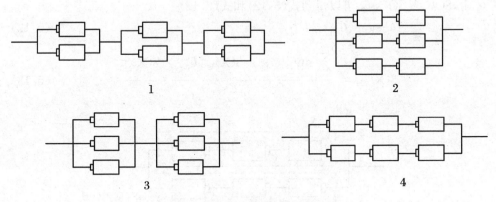

图 5.24 电池组不同拓扑结构

5.3.1 退役电池串并联模组容量分析

电池串联模组可用容量,为模组中各单体最小可用充电容量与最小可用放电容量之和。而电池并联模组可用容量为各单体电池容量之和。不同拓扑结构的电池可用容量与单体电池容量以及 SOC 有着密切关系。下面以图 5.24 中所示的四种拓扑结构为例,分析了电池组容量与单体容量以及电池组 SOC 与单体 SOC 之间的关系。

2P3S 结构电池组由三个并联模组串联组成(图 5.25),将每个并联模组容量记作 $C_{P_m}(m=1,2,3)$,对应的 SOC 记为 SOC_{P_m}。则 2P3S 结构的电池组容量为 C_{2P3S},SOC 为 SOC_{2P3S},可以得到

$$C_{2P3S} = \min[C_{P_1} \times SOC_{P_1}, C_{P_2} \times SOC_{P_2}, C_{P_3} \times SOC_{P_3}]$$
$$+ \min[C_{P_1} \times (1 - SOC_{P_1}), C_{P_2} \times (1 - SOC_{P_2}), C_{P_3} \times (1 - SOC_{P_3})] \tag{5.10}$$

$$SOC_{2P3S} = \frac{\min[C_{P_1} \times SOC_{P_1}, C_{P_2} \times SOC_{P_2}]}{C_{2P3S}} \tag{5.11}$$

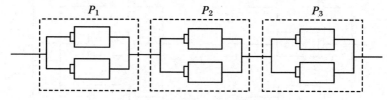

图 5.25 电池组 2P3S 拓扑结构

3S2P 结构电池组则由两个串联模组并联而成(图 5.26),将每个串联模组容量记为 $C_{S_n}(n=1,2)$,对应的 SOC 记为 SOC_{S_n}。则 3S2P 结构的电池组容量为 C_{3S2P},SOC 为 SOC_{3S2P},可以得到式(5.12)和式(5.13)。

$$C_{3S2P} = C_{S_1} + C_{S_2} \tag{5.12}$$

$$SOC_{3S2P} = \frac{\sum_{n=1}^{2}\min[C_{S_1} \times SOC_{S_1}, C_{S_2} \times SOC_{S_2}]}{C_{3S2P}} \tag{5.13}$$

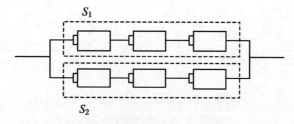

图 5.26 电池组 3S2P 拓扑结构

2S3P 结构电池组则由三个串联模组并联而成(图 5.27),将每个串联模组容量记为 $C_{S_n}(n=1,2,3)$,对应的 SOC 记为 SOC_{S_n}。则 2S3P 结构的电池组容量为 C_{2S3P},SOC 为 SOC_{2S3P},可以得到

$$C_{2S3P} = C_{S_1} + C_{S_2} + C_{S_3} \tag{5.14}$$

$$\mathrm{SOC}_{2S3P} = \frac{\sum_{n=1}^{3} \min[C_{S_1} \times \mathrm{SOC}_{S_1}, C_{S_2} \times \mathrm{SOC}_{S_2}, C_{S_3} \times \mathrm{SOC}_{S_3}]}{C_{2S3P}} \tag{5.15}$$

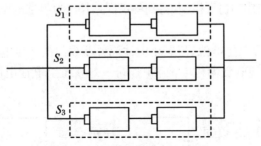

图 5.27 电池组 2S3P 拓扑结构

3P2S 结构电池组由两个并联模组串联组成(图 5.28),将每个并联模组容量记作 $C_{P_m}(m=1,2)$,对应的 SOC 记为 SOC_{P_m}。则 3P2S 结构的电池组容量为 C_{3P2S},SOC 为 SOC_{3P2S},可以得到

$$\begin{aligned} C_{3P2S} &= \min[C_{P_1} \times \mathrm{SOC}_{P_1}, C_{P_2} \times \mathrm{SOC}_{P_2}] \\ &+ \min[C_{P_1} \times (1-\mathrm{SOC}_{P_1}), C_{P_2} \times (1-\mathrm{SOC}_{P_2})] \end{aligned} \tag{5.16}$$

$$\mathrm{SOC}_{3P2S} = \frac{\min[C_{P_1} \times \mathrm{SOC}_{P_1}, C_{P_2} \times \mathrm{SOC}_{P_2}]}{C_{3P2S}} \tag{5.17}$$

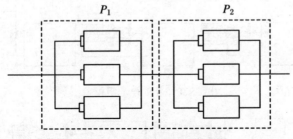

图 5.28 电池组 3P2S 拓扑结构

电池模组容量和 SOC 与各单体容量有着紧密联系,而单体容量又易受单体参数、SOC、放电倍率等影响,从而使电池模组受影响。

5.3.2 老化电池对不同串并联拓扑电池组性能影响

在实际使用过程中,电池组中单体电池往往会出现不同程度老化情况,从而对电池组性能造成不同影响。通常电池容量衰减到初始容量 80% 时,该电池将不再适合该应用环境,需要回收利用或报废处理。电池老化过程中,不止电池容量衰减,同时电池参数也会发生变化,有研究表明电池容量衰减为原来的 80% 时,电池内阻增长到初值的 166.4%。为此,为研究老化电池对电池组的影响,基于单体串联和并联模型,在 Simulink 中搭建了四种不同拓扑的电池组串并联模型,拓扑结构如图 5.29 所示。设定 batt1 为老化电池,在 2 A 的恒流放电工况下,初始满电,电池组内任意单体 SOC 为零时停止放电。

基于图 5.29 构建的仿真模型,得到的不同拓扑电池组端电压仿真结果如图 5.30 所示。

图 5.30(a) 包含老化电池、与老化电池同并联模组的 2 号电池以及其他电池端电压,从电压曲线可知,受老化电池影响,同一并联模组电池电压明显小于电池组其他电池电压。

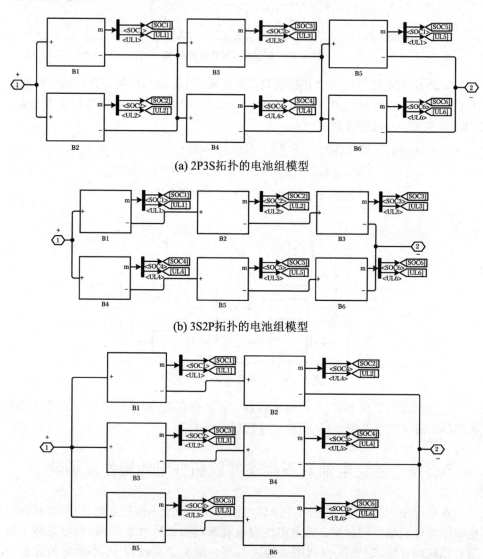

(a) 2P3S 拓扑的电池组模型

(b) 3S2P 拓扑的电池组模型

(c) 2S3P 拓扑的电池组模型

图 5.29 不同串并联拓扑电池组的 Simulink 模型

第 5 章　退役动力电池规模化重组技术研究

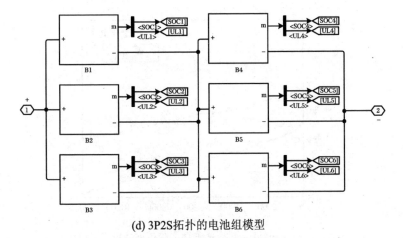

(d) 3P2S 拓扑的电池组模型

图 5.29　不同串并联拓扑电池组的 Simulink 模型(续)

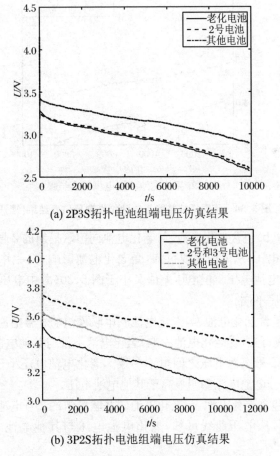

(a) 2P3S 拓扑电池组端电压仿真结果

(b) 3P2S 拓扑电池组端电压仿真结果

图 5.30　不同拓扑结构下电池组端电压仿真结果

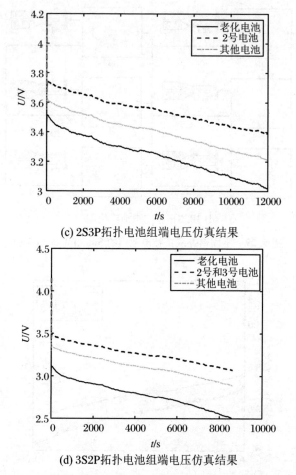

图 5.30 不同拓扑结构下电池组端电压仿真结果(续)

图 5.30(b) 包含老化电池、与老化电池同串联模组的 2 号电池和 3 号电池以及其他电池端电压,从电压曲线可知,受老化电池影响,同一并联模组电池电压小于电池组其他电池电压。但电压差值又小于图 5.30(a) 中电压差值。主要是因为串并联连接顺序不同。

图 5.30(c) 包含老化电池、与老化电池同串联模组的 2 号电池以及其他电池端电压,从电压曲线可知,受老化电池影响,老化电池不仅与其他电池电压有差异,同时与同串联模组 2 号电池电压之间也不一致。老化电池电压小于其他标准电池,但同串联模组 2 号电池电压却明显高于其他电池电压。

图 5.30(d) 包含老化电池、与老化电池同并联模组的 2 号电池和 3 号电池以及其他电池端电压,从电压曲线可知,老化电池电压与其他电池电压之间的差值较大。

5.4 退役锂电池重组后均衡控制研究

以目前的锂动力电池制造水平和工艺,在锂电池电芯生产过程中,各个锂电池单体会存在细微的差别,也就是一致性问题,不一致性主要表现在锂电池单体容量、内阻、自放电率、充放电效率等方面。锂电池单体的不一致,传导至锂电池组,必然会带来锂电池组容量的损失,进而造成寿命的下降。在组成的电池组装车使用过程中,也会由于自放电程度以及部位温度等原因导致单体不一致性的现象出现,锂电池单体的不一致性又影响电池组的充放电特性。有研究表明,锂电池单体20%的容量差异,会带来电池组40%的容量损失。电池均衡技术在防止电池过充过放、安全运行、延长使用寿命等方面具有重要意义。

电池均衡技术主要包括均衡控制策略和均衡电路拓扑,前者通过算法对电路进行控制,后者通过元件连接形成电流通路。在电池均衡技术的发展过程中,由于智能均衡策略的控制算法复杂、实现难度较大,目前大都停留在实验室仿真和验证阶段,其落地应用和推广仍是一个巨大的难点和挑战。而均衡拓扑的研究相对比较成熟,对现有的拓扑结构进行改进和优化是主要研究内容之一。均衡拓扑作为电池均衡技术的关键组成部分之一,不仅关系到电池均衡的能量耗散或转移方式,而且对电池均衡效果有一定影响。改进均衡拓扑能够有效提高电池均衡的速度和效率,减少电路损耗,降低均衡成本,从而推进电池管理系统的优化与发展。

电池均衡可以分为主动均衡和被动均衡,被动均衡一般采用电阻放热的方式将高容量电池"多出的电量"进行释放,从而达到均衡的目的,电路简单可靠,成本较低,但是电池效率也较低。主动均衡充电时将多余电量转移至高容量电芯,放电时将多余电量转移至低容量电芯,可提高使用效率,但是成本更高,电路复杂,可靠性低。基于不同的储能元件,主动均衡又分为基于电容、基于电感、基于变压器和基于变换器的均衡,如图 5.31 所示。

5.4.1 被动均衡

被动均衡一般通过电阻放电的方式,对电压较高的锂电池进行放电,以热量形式释放电量,为其他电池争取更多充电时间。在充电过程中,锂电池一般有一个充电上限保护电压值,如果充电时的电压超过这个数值,也就是俗称的"过充",锂电池就有可能燃烧或者爆炸。因此,锂电池保护板一般都具备过充保护功能,防止锂电池过充。即当某一串电池达到此电压值后,锂电池保护板会切断充电回路,停止充电。

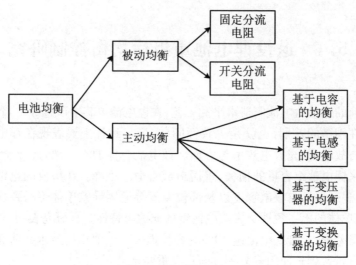

图 5.31　电池均衡方法分类

被动均衡中使用的拓扑结构主要有固定电阻式和开关电阻式,如图 5.32 所示。被动均衡是采用电阻耗能,会产生热量,均衡电流较小,从而使整个系统的效率降低,基于热管理的要求被动均衡只能一节一节的均衡。

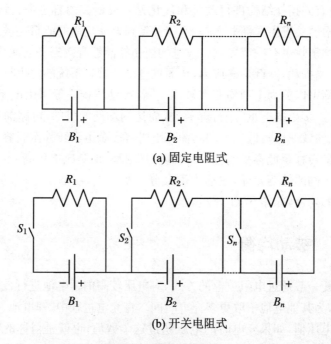

图 5.32　被动均衡拓扑

图 5.33 为充电时电池被动均衡前后状态示意图,图 5.33(a)为充电过程中 2

号电池先被充电至保护电压值,触发 BMS 的保护机制,停止电池系统的充电,这样直接导致 1 号、3 号电池无法充满。整个系统的满充电量受限于 2 号电池,这就是系统损失。为了增加电池系统的电量,BMS 会在充电时均衡电池。图 5.33(b)为均衡启动后,BMS 会对 2 号电池进行放电,延迟其达到保护电压值的时间,这样 1 号、3 号电池的充电时间也相应延长,进而提升整个电池系统的电量。但是,2 号电池放电电量 100%被转换成热量释放,造成了很大的浪费(2 号电池的散热是系统的损失,也是电量的浪费)。

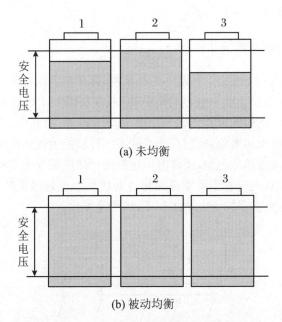

图 5.33 充电时电池被动均衡前后状态示意图

放电时,2 号电池的电压到达放电保护值时,触发 BMS 的保护机制,停止系统放电,直接导致 1 号、3 号电池的电池余量无法被完全使用,均衡启动后会改善系统过放。如图 5.34 所示。

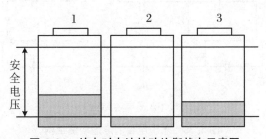

图 5.34 放电时电池被动均衡状态示意图

5.4.2 主动均衡

主动均衡利用储能元件完成电池间的能量转换,使电能能够充分利用。电池主动均衡按能量变换方式,又分为能量转移式均衡和能量转换式均衡。能量转移式均衡主要是通过电容或电感等储能元件,将锂电池组中容量高的单体电池中的能量转移到容量低的单体电池上。目前主动均衡结构有基于电容、基于电感、基于变压器和基于变换器等多种形式。

1. 基于电容均衡拓扑结构

基于电容的电池均衡有两种基本拓扑结构,即单电容结构和多电容结构,结构示意图如图 5.35 所示。在单电容均衡结构中,仅利用一个电容作为能量载体,其均衡过程还需要电压检测电路的参与。其工作流程为:控制中心从串联蓄电池组中检测能量过高的单体电池,控制其两端开关闭合将能量传递给电容,电容充电之后将断开电压过高的单体电池,闭合电压过低的单体电池与电容的连接,电容器给低压单体电池充电,经过若干周期进而将电荷转移至能量过低的单体电池中。该均衡结构相对复杂,但是均衡电路体积小,均衡速度快。

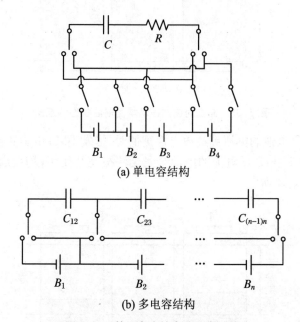

(a) 单电容结构

(b) 多电容结构

图 5.35 基于电容的电池均衡结构

对于多电容均衡电路,一组电容器在串联电池组相邻电池之间传递电荷,其工作原理是:所有开关同时动作,在上下触点之间轮流接通,通过这种简单的动作,电荷在两相邻电池单体之间转移,最终电荷由高压单元传递到低压单元,经过开关的反复切换即可实现均衡。所用的单刀双掷开关可以用一个变压器耦合的 MOSFET 装置来实现,因此其开关频率可以高达上百 KHz,所需平衡电容容量要求较小。理论上该方法不需要单体电池的电压检测模块,但为了避免开关一直处于动作状态也可以加入电压检测单元,在出现单体电压差异时控制单元发出信号驱动开关的动作。

2. 基于电感均衡拓扑结构

基于电感的均衡结构以电感为能量转移元件,实现各单体间的能量均衡。典型结构有单电感和多电感结构,如图 5.36 所示。单电感式主动均衡中每个单体电池两端通过开关连通两条单向路径,分别连向中间储能元件电感 L 的两端,通过控制开关阵列使得能量能在任意两节单体之间进行转移,如图 5.36(a)所示,从而实现能量的削峰填谷。该方案通过开关阵列选通使得电池组内任意两节单体之间可以进行能量转换,加快了均衡速度,减少了均衡过程中的能量损尖。但是,由于同一时刻只有两节单体参与能量转移,所以开关控制相对复杂,而且单电感式主动均衡的能量转移效率相较于变压器式均衡仍然较低。

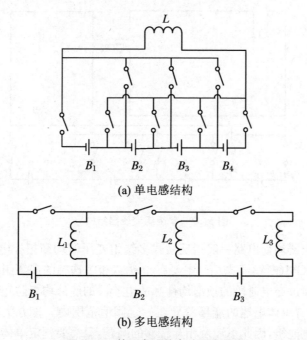

图 5.36 基于电感的电池均衡结构

多电感式主动均衡在每相邻两节单体电池之间放置一个电感,如图 5.36(b)所示,通过开关通断时间配合储能电感实现能量在相邻两节单体之间转移。该均衡方案扩展性好，均衡电流大，但当需要均衡的单体电池相隔较远时需要经过多次中间传输，降低了均衡速度，同时也会增加能量损失。

3. 基于变压器均衡拓扑结构

基于变压器的电池均衡属于隔离型均衡，它以变压器为能量转移载体，将电池组或电池单体的部分能量储存在绕组中，并通过互感传递到另一个绕组，最后通过开关将能量传递到需要均衡的电池组或电池单体中。该均衡方法的均衡速度较快，但随着串联电池数量增加，变压器线圈的绕制越来越复杂，大大增加了电路的成本和体积。根据变压器种类，基于变压器的均衡可分为单绕组变压器和多绕组变压器。

下面介绍一下基于单绕组和多绕组变压器的均衡策略。图5.37为单绕组变压器均衡策略电路，每个单体电池配备一个变压器和一个整流二极管。当控制中心发出均衡信号时，均衡开关S_1以一定频率开始动作，为初级线圈充电进而激发次级线圈输出电压，匝数比将保证输出电压是各单体电压的平均值，并且自动为电压最低的单体电池充电，保证各单体蓄电池电压的一致。串联电池组中的能量将自动在各个单体电池中进行均匀分配，从而完成能量的均衡过程。

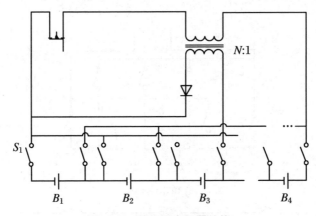

图 5.37　单绕组变压器结构

多绕组变压器均衡电路一般指反激式多绕组变压器均衡拓扑电路，如图5.38所示，工作在DCM(断续模式)下，主要有单铁芯和多铁芯的多绕组变压器。变压器式主动均衡通过充电阶段的顶部均衡和放电阶段的底部均衡防止单体电池过充过放，最终使所有单体电池的能量差异在一定阈值范围内。该方案能量转移对象为单体电池和电池组，因此不涉及相互转移的问题，只需要判定单体电池的能量与电池组平均能量的差值是否在一定范围内。若单体电池能量低于电池组平均能量，则控制与电池组相连的变压器原边导通，由整组给能量较低的单体电池补充能量；若单体电池能量高于电池组平均能量，则控制与该单体相连的副边绕组导通，由单体电池向电池组转移多余的能量。因此,控制策略简单、容易操作,但是变压器式主动均衡的扩展性差,单体电池数量改变时变压器必须重新绕制,而且副边的一致性难以保证,易出现磁饱和。

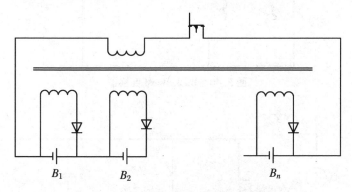

图 5.38 反激式多绕组变压器均衡结构

4. 基于变换器均衡拓扑结构

基于变换器均衡拓扑结构主要是利用 DC/DC 变换电路,其中典型的均衡电路包括基于 Buck 变换器、Boost 变换器、Buck-Boost 变换器、Cuk 变换器等,其电路拓扑如图 5.39～图 5.41 所示。这四种拓扑结构只是 DC/DC 变换器设计中的几种转换技术,并未用到新的电器元件。

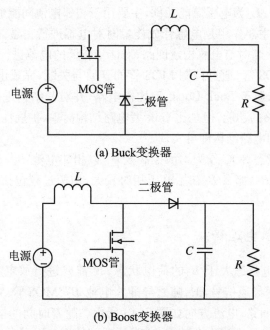

图 5.39 Buck 变换器和 Boost 变换器

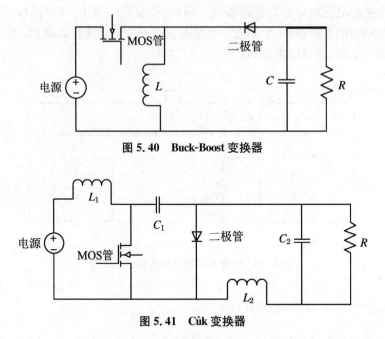

图 5.40 Buck-Boost 变换器

图 5.41 Cûk 变换器

5.4.3 常规 PID 均衡控制策略

图 5.42 所示的电感均衡拓扑电路由电池、电感、电阻、二极管以及 MOS 开关管组成[145-147]，$L_1 \sim L_3$ 为电感储能元件，主要用于相邻电池间能量的传递；$R_1 \sim R_3$ 为电感并联电阻，主要作用是电感释放能量时对电感进行去磁；$D_1 \sim D_6$ 为续流二极管，在 MOS 管关断时与电感构成回路，对能量较低的电池进行充能；$M_1 \sim M_6$ 为给电感充能的 MOS 管，通过控制 MOS 管的开通与关断，完成电感充能与释能过程。该拓扑电路来源于 Buck-Boost 型均衡电路，并对其结构进行了优化改动，具有 Cûk 型变换电路的功能，但是比 Cûk 型电路结构简单，扩展性好，当电池数目增加时无需较大变动电路结构即可实现。

以电池荷电状态 SOC 作为均衡控制变量，以相邻电池 B_2，B_3 为例，假设初始荷电状态 B_2 大于 B_3，那么 B_2 初始电压相对较大，均衡过程包括电池 B_2 放电和电池 B_3 充电。

1. 电池 B_2 放电过程

由于 B_2 的荷电状态大于 B_3 的荷电状态，B_2 需要进行放电对电感 L_2 进行充能，系统对 M_3 发送导通信号，M_3 随之导通。电池 B_2、MOS 管 M_3 以及电感 L_2 和电阻 R_2 构成闭合回路，电流方向如图 5.43 所示。随着时间的推移，电感 L_1 储存的能量逐渐增多，均衡电流也会随着 M_3 导通时间的增加而变大，M_3 在接收到关断信号后随之打开,电池 B_2 放电结束。

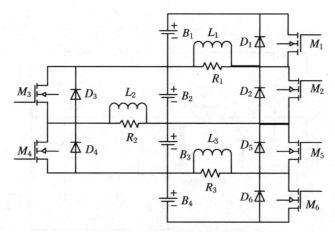

图 5.42 电感均衡拓扑电路

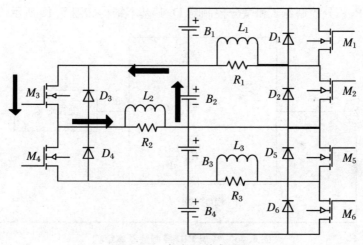

图 5.43 电池 B_2 放电过程

2. 电池 B_3 充电过程

电池 B_2 在结束放电后,需要通过电感 L_2 对电池 B_3 进行充电,此时 M_3、M_4 均关断。电池 B_3、电感 L_2、电阻 R_2 以及二极管 D_4 构成闭合回路,电流方向如图 5.44 所示。在整个充电过程中,流经电感 L_2 的电流缓慢下降,下降时间等于 D_4 正向导通时间,随着电流值的减小,电感中储存能量的电压值最终将小于二极管正向导通电压阈值,至此电感释能过程结束,电池 B_3 充电过程结束。

在整个电池均衡过程中,只通过导通 M_3 来完成电池 B_2 放电过程和电池 B_3 充电过程。

均衡控制策略采用常规 PID 算法,常规 PID 控制器主要有三个组成部分:比

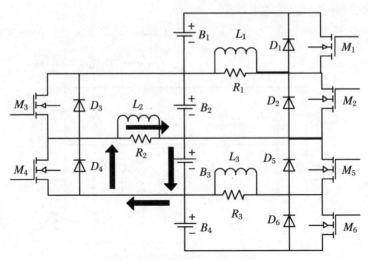

图 5.44 电池 B_3 充电过程

例控制器 P、积分控制器 I 和微分控制器 D,其基本结构如图 5.45 所示。

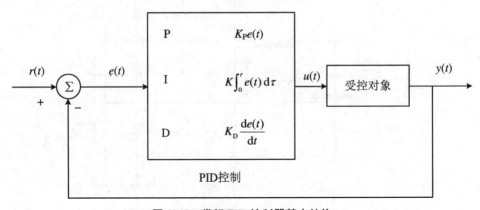

图 5.45 常规 PID 控制器基本结构

连续 PID 控制器的一般形式为

$$u(t) = K_\mathrm{P} e(t) + K_\mathrm{I} \int_0^t e(\tau)\mathrm{d}\tau + K_\mathrm{D} \frac{\mathrm{d}e(t)}{\mathrm{d}t} \tag{5.18}$$

式中,K_P,K_I 和 K_D 分别是对信号系统误差信号及其积分与微分量的增益系数,控制器通过这三种增益就可以计算出控制信号,从而驱动控制模型。

在 MATLAB/Simulink 中对图 5.42 中四节电池建立均衡结构,如图 5.46 所示。电池模块采用 Simulink 中集成模块,图 5.47 为其参数设置模块,电池 B_1 ~ B_4 的初始 SOC 分别设置为 80%、75%、70% 和 60%,电感 L_1 ~ L_3 值为 1 H,电阻 R_1 ~ R_3 值为 10 Ω,二极管 D_1 ~ D_6 值为默认值。

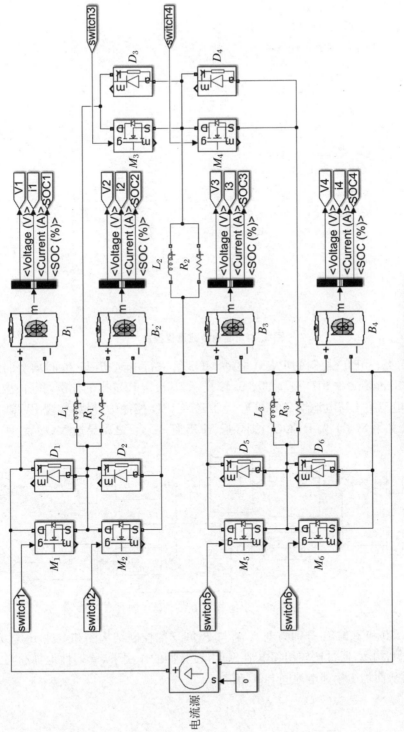

图 5.46 电池均衡仿真电路模型

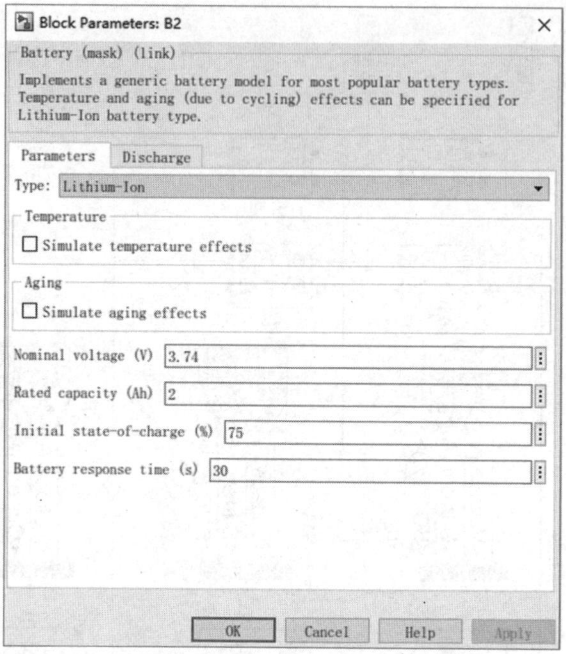

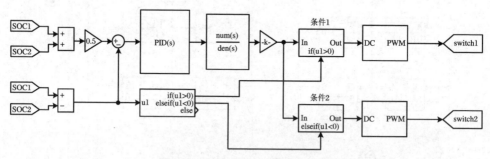

图 5.47　电池参数设置模块

图 5.48 为 PID 控制的 PWM 驱动 MOS 管进行电池 B_1 与 B_2 间均衡的结构图,选用 Simulink 中 PID 模块如图 5.49 所示,其设定 PID 中的比例、积分、微分单元,通过电池组 1 与电池组 2 的 SOC 差值送入 PID 控件中,最终实现 PWM 的周期控制。如果 SOC1 大于 SOC2,则导通 MOS 管 M_1,反之则导通 MOS 管 M_2。

图 5.48　电池 B_1 与 B_2 间均衡控制

图 5.50 和图 5.51 分别为电池 B_2 与 B_3 间均衡控制结构图和电池 B_3 与 B_4 间均衡控制结构图,通过比较相邻电池 SOC,在脉冲的作用下,周期性地导通与关断 MOS 管,从而均衡相邻电池间 SOC 值。

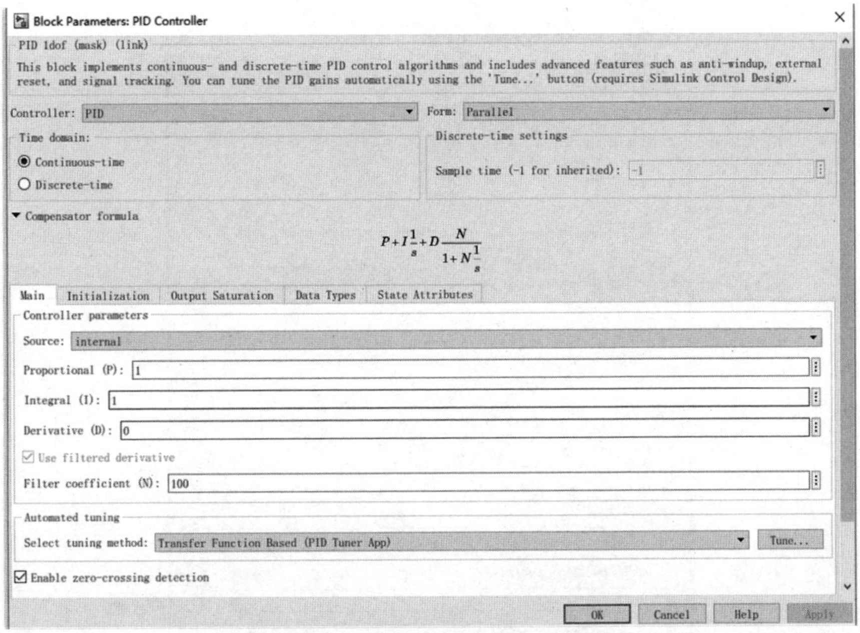

第 5 章　退役动力电池规模化重组技术研究

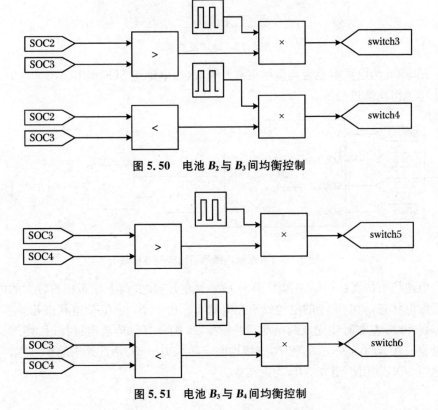

图 5.49　Simulink 中的 PID 控制器

图 5.50　电池 B_2 与 B_3 间均衡控制

图 5.51　电池 B_3 与 B_4 间均衡控制

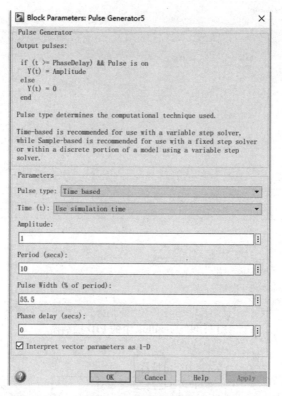

图 5.52 脉冲发生器

图 5.53 为电池组是否均衡结束判断模块,当电池组 SOC 均值小于 0.001 时,结束电池组均衡过程。

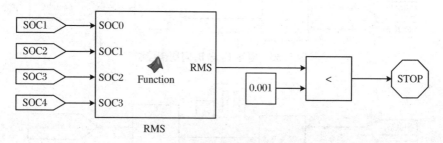

图 5.53 电池组均衡是否结束判断模块

电池均衡仿真运行结果如图 5.54 所示。在开始时,荷电状态相对较大的电池处于放电状态,而电量小的电池处于充电状态。由于 B_1 与 B_2 荷电状态相差不大,所以在 500 s 左右时便完成两电池间的均衡,B_3 则一直保持放电过程,B_4 则维持充电过程。在 2000 s 左右 B_3 和 B_4 完成均衡。随后 $B_1 \sim B_4$ 一直处于均衡过程,直到电池组 SOC 均值小于 0.001,均衡结束。

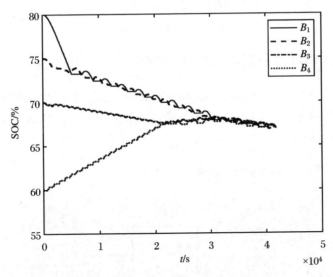

图 5.54 电池均衡过程中 SOC 变化趋势

5.4.4 模糊 PID 均衡控制策略

模糊 PID 控制是模糊算法与 PID 控制算法相结合形成,以误差 e 和误差变化率 ec 作为输入变量,通过模糊准则进行模糊推理,得到 PID 控制的三个增益系数,再通过 PID 控制调节受控参数,从而对受控对象进行控制[148-150]。其结构示意图如图 5.55 所示。

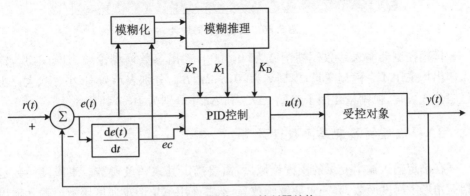

图 5.55 模糊 PID 控制器结构

模糊 PID 以相邻电池荷电状态差 ΔSOC、相邻电池 SOC 平均值($\overline{SOC}$)作为输入,ΔK_P,ΔK_I 和 ΔK_D 为输出。模糊 PID 控制器输出如式(5.19)、式(5.20)、式(5.21)所示,K_{P0},K_{I0} 和 K_{D0} 为 PID 初始参数值。

$$K_P = K_{P0} + \Delta K_P \tag{5.19}$$

$$K_\mathrm{I} = K_\mathrm{I0} + \Delta K_\mathrm{I} \quad (5.20)$$
$$K_\mathrm{D} = K_\mathrm{D0} + \Delta K_\mathrm{D} \quad (5.21)$$

1. 模糊 PID 控制器参数设计

在 MATLAB 中利用 Fuzzy Logic Designer 工具箱设计模糊控制器，设计的模糊控制器为两输入三输出控制器，如图 5.56 所示。$\Delta SOC, \overline{SOC}$ 为输入，ΔK_P，ΔK_I 和 ΔK_D 为输出。

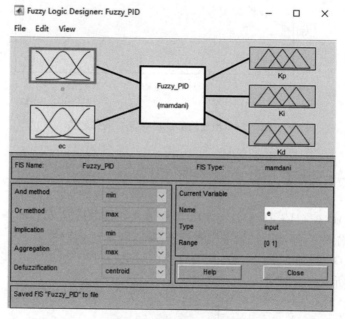

图 5.56　模糊控制器设计

模糊控制器输入参数模糊论域为 $[0,100]$，输出参数模糊论域为 $[-3,3]$，输入输出均采用 4 个模糊变量，模糊集为 $[O,S,M,B]$，分别表示为零、小、中、大。由经验公式可得，模糊量化因子 $\Delta K_\mathrm{P}, \Delta K_\mathrm{I}$ 和 ΔK_D 分别为 10,2 和 2/3。

2. 模糊控制器隶属函数设计

在确定输入输出变量的模糊论域后，需要确定其隶属度函数。隶属度函数包括三角形隶属度函数、高斯隶属度函数等，本书使用三角形隶属度函数。输入输出变量的隶属函数如图 5.57～图 5.61 所示。

第 5 章　退役动力电池规模化重组技术研究　　　　　　　　　151

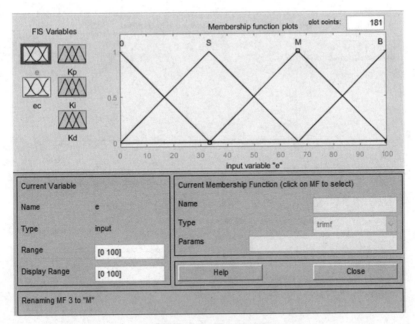

图 5.57　e 隶属度函数

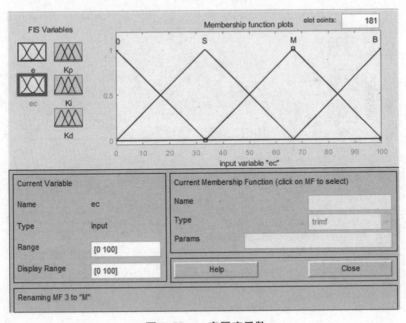

图 5.58　ec 隶属度函数

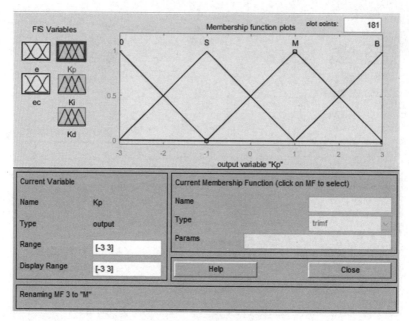

图 5.59　K_P 隶属度函数

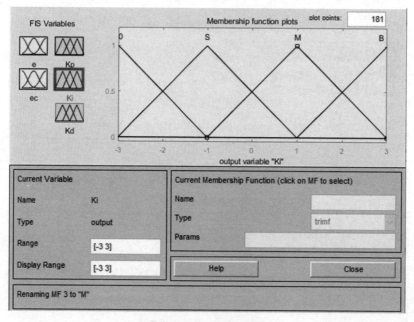

图 5.60　K_I 隶属度函数

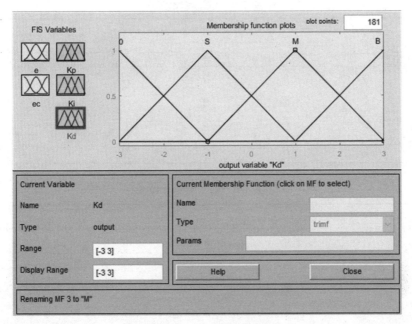

图 5.61 K_D 隶属度函数

3. 模糊控制规则设计

模糊控制规则通常是由模糊理论中模糊条件语句来描述的，在电池均衡过程中，有模糊规则如下：

（a）在一开始时，$\Delta SOC, \overline{SOC}$ 差值较大，需要较大的 K_P，较小的 K_I 和 K_D；

（b）在 $\Delta SOC, \overline{SOC}$ 接近设定时，采用较小的 K_P，较大的 K_D，K_I 应较小或取零；

（c）在 $\Delta SOC, \overline{SOC}$ 超调时，为了避免较大的均衡电流，需采用大小合适的 K_P，较大的 K_D。

根据上述规则，建立如表 5.7～表 5.9 所示的具体模糊规则表。

表 5.7 ΔK_P 模糊规则

ec	e			
	0	S	M	B
0	0	0	S	M
S	S	B	B	M
M	M	B	B	M
B	B	M	M	S

表 5.8　ΔK_I 模糊规则

ec	e			
	0	S	M	B
0	0	B	N	0
S	S	B	M	0
M	M	B	B	S
B	B	B	M	S

表 5.9　ΔK_D 模糊规则

ec	e			
	0	S	M	B
0	B	S	0	0
S	B	S	0	0
M	B	B	S	0
B	B	S	S	0

根据上述表中所列模糊规则，用面积中心法作为清晰化方法，可得到图 5.62 的模糊推理输入/输出曲面。

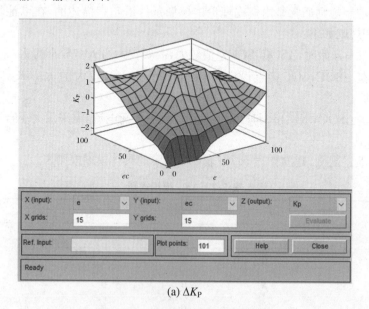

(a) ΔK_P

图 5.62　模糊推理输入/输出曲面

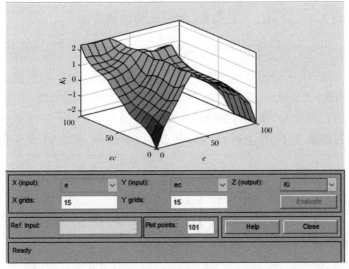

(b) ΔK_I

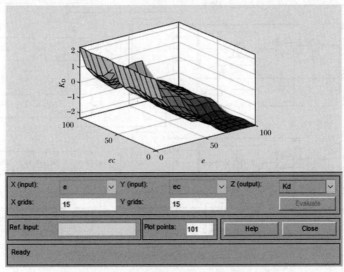

(c) ΔK_D

图 5.62 模糊推理输入/输出曲面(续)

4. 模糊 PID 仿真搭建

PID 初始参数可由动态特性法、衰减曲线法、稳定边界法等确定。稳定边界法可以在不需要建模的情况下确定 PID 初始参数,计算公式如式(5.22)、式(5.23)、式(5.24)所示。

$$K_{P0} = 0.6k \quad (5.22)$$
$$K_{I0} = 1.2k/T \quad (5.23)$$

$$K_{D0} = 0.075kT \tag{5.24}$$

计算得到 $K_{P0}=18, K_{I0}=1.6, K_{D0}=3.5$,传递函数如下:

$$G(s) = \frac{2s+1}{s^2+3s+1} \tag{5.25}$$

基于图 5.46 所示的四节电池的均衡结构,搭建模糊 PID 均衡控制算法模型,如图 5.63 和图 5.64 所示,通过模糊 PID 控制算法产生均衡电流,通过 PWM 逻辑运算产生六组控制信号,从而控制 $M_1 \sim M_6$ 的导通与关断,图 5.65 为 PID 控制算法模块。通过模糊 PID 算法进行均衡控制时,各电池 SOC 曲线变化如图 5.66 所示。

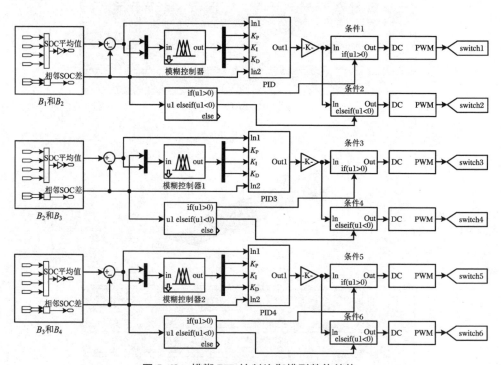

图 5.63 模糊 PID 控制均衡模型整体结构

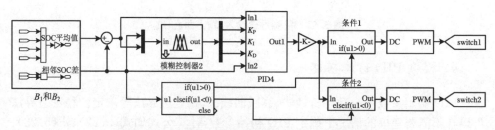

图 5.64 电池 B_1 与 B_2 模糊 PID 控制均衡模型结构

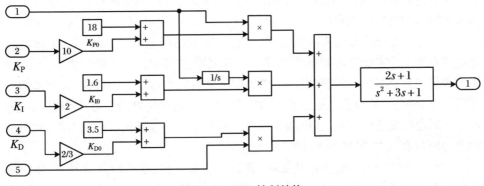

图 5.65　PID 控制结构

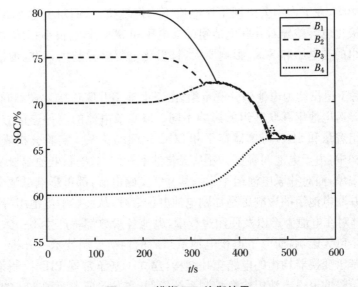

图 5.66　模糊 PID 均衡结果

在开始时,荷电状态相对较大的电池 $B_1 \sim B_3$ 处于放电状态,而电量小的电池 B_4 处于充电状态。由于 B_1 与 B_2、B_3 之间荷电状态相差不大,所以在 350 s 左右时便完成电池间的均衡。电池 B_4 一直处于充电状态,在 500 s 左右与另外三节电池完成均衡。与图 5.53 常规 PID 控制均衡相比,模糊 PID 控制均衡速度更快,用时较短,能够快速完成电池间的均衡。

本 章 小 结

本章首先对退役动力电池串联重组、并联重组和规模化串并联重组后的性能进行了分析，其次分析了退役电池重组后各电池单体之间的均衡控制方法，建立了退役电池组均衡控制系统模型，并进行了实验验证。主要创新工作包括以下四点。

（1）对于退役动力电池串联重组，分析了欧姆内阻差异、容量差异、单体间极化电容差异三个方面对串联电池组端电压和 SOC 的影响。实验分析表明，欧姆内阻和容量差异对端电压的影响较大，单体间欧姆内阻和容量差异越大，导致单体间端电压误差越大，从而影响电池组的使用寿命。不同极化电容会导致端电压在放电结束后电压突变值不同，在电池电压缓慢回升过程中也存在一定的差异，同时极化电容的差值越大，导致 SOC 的差值也越大。

（2）对于退役动力电池并联重组，分析了容量差异、欧姆内阻差异、单体间极化电容差异和极化电阻差异对并联电池组电压和 SOC 的影响。实验分析表明，单体间容量差异和欧姆内阻差异对并联电池组端电压影响不大，但并联支路受电池不一致性影响，在工作中会出现工作电流不均衡现象，从而对电池 SOC 造成较大影响。与极化电容差异对并联电池组的端电压和 SOC 影响很小相比，极化电阻对并联电池组的端电压和 SOC 影响要大，且极化电阻差异越大，对电池端电压影响越大。

（3）对于退役动力电池串并联重组，由于电池串并联连接方式不同，故单体电池间的差异对电池串并联重组的影响不同。以 6 节电池的四种连接方式为例，分析了电池组容量和 SOC 与单体容量和 SOC 之间的关系。实验分析表明，在串并联重组结构中，由于电池间容量、内阻、极化的不一致，对串联电池组极易产生电池过充过放现象，而对并联电池组则影响其并联支路电流，都将影响电池寿命。老化电池对串并联电池组的影响更是加剧电池电压衰减，从而影响电池组寿命。

（4）针对在电池生产以及使用过程中，电池各参数都将产生不一致，对电池使用寿命产生巨大影响，研究了退役电池重组后的均衡控制技术。分析了基于变压器均衡和基于变换器均衡的电路拓扑结构，建立了基于常规 PID 控制策略和模糊 PID 控制策略的退役电池组均衡控制系统模型，实验验证了两种方法的有效性，但模糊 PID 控制均衡速度更快，用时较短，能够快速完成电池间的均衡。

参 考 文 献

[1] Banner J A, Winchester C S, Barnes J A. Continuing challenges in lithium battery development[J]. IEEE Aerospace and Electronic Systems Magazine, 2000, 15(5):31-33.

[2] Skundin A M, Oleg N E, Yarmolenko O V. The state-of-the-art and prospects for the development of rechargeable lithium batteries[J]. Russian Chemical Reviews, 2002, 71(4):329-346.

[3] Reddy M V, Mauger A, Julien C M, et al. Brief history of early lithium-battery development[J]. Materials, 2020, 13(8):1884-1892.

[4] Michal, S. Trends of development of rechargeable lithium batteries[J]. Przemysl Chemiczny, 2016, 95(1):66-73.

[5] 王福鸾, 杜军, 裴金海. 全球锂电池市场状况和应用发展综述[J]. 电源技术, 2014, 38(03):564-568.

[6] 毕道治. 电动车电池的开发现状及展望[J]. 电池工业, 2000, 5(2):56-63.

[7] 孙玉树, 杨敏, 师长立, 等. 储能的应用现状和发展趋势分析[J]. 高电压技术, 2020, 46(01):80-89.

[8] Ren W C, Li F, Cheng H M. Lithium battery applications of graphene materials[J]. Abstracts of Papers of the American Chemical Society, 2015:249.

[9] Bushkova O V, Yaroslavtseva T V, Dobrovolsky Y A. New lithium salts in electrolytes for lithium-ion batteries (Review)[J]. Russian Journal of Electrochemistry, 2017, 53(7):677-699.

[10] Kang J, Han D Y, Kim S, et al. Multiscale polymeric materials for advanced lithium battery applications[J]. Advanced materials (Deerfield Beach, Fla.), 2022, 35(4).

[11] Doyle M, Fuller T F, Newman J. Modeling of galvanostatic charge and discharge of the lithium/polymer/insertion cell[J]. Journal of The Electrochemical Society, 2019, 140(6):1526-1533.

[12] 程昀, 李劼, 贾明, 等. 锂离子电池多尺度数值模型的应用现状及发展前景[J]. 物理学报, 2015, 64(21):145-160.

[13] Sankhadeep S, Zohra H S, El-Halwagi M M, et al. Electrochemical models: methods and applications for safer lithium-ion battery operation[J]. Journal of The Electrochemical Society, 2022, 169(10):501-521.

[14] Chao L, Lai Q Z, Ge T F, et al. A lead-acid battery's remaining useful life prediction by using electrochemical model in the Particle Filtering framework[J]. Energy, 2016,

120(12):975-984.

[15] Li J F, Wang L X, Chao Lyu, et al. State of charge estimation based on a simplified electrochemical model for a single LiCoO$_2$ battery and battery pack[J]. Energy, 2017, 133(5):572-583.

[16] Zou C F, Chris M, Dragan N. A framework for Simplification of PDE-based lithium-ion battery models[J]. IEEE transactions on control systems technology: A publication of the IEEE Control Systems Society, 2016, 24(5):1954-1609.

[17] Wang J P, Chen Q S, Cao B G. Support vector machine based battery model for electric vehicles[J]. Energy Conversion and Management, 2005, 47(7):858-864.

[18] Klass V, Behm M, Lindbergh G. Capturing lithium-ion battery dynamics with support vector machine-based battery model[J]. Journal of Power Sources, 2015, 298:92-101.

[19] Wang Z Y, Li X D, Wang Y H. State of charge estimation of lithium-ion battery based on improved recurrent neural network[J]. Journal of Physics:Conference Series, 2021, 2109(1):5-12.

[20] Philipp G, Frank K, Richard J, et al. Robust data-driven error compensation for a battery model[J]. IFAC-PapersOnLine, 2021, 54(7):256-261.

[21] Dziechciaruk G, Michalczuk M, Ufnalski B, et al. Dynamic model of a lithium-ion cell using an artificial feedforward neural network with dynamical signal preprocessing[J]. Journal of Energy Storage, 2020, 31.

[22] Tsang M W, Sutanto D. ANN controlled battery energy storage system for enhancing power system stability[P]. APSCOM 2000 - 5th International Conference on Advances in Power System Contro Operation and Management, 2000-06-15.

[23] Song Y, Gao L. Incremental battery model using wavelet-based neural networks[J]. IEEE Transactions on Components, Packaging and Manufacturing Technology, 2011, 1(7):1075-1081.

[24] Ali M U, Kamran M A, Kumar P S, et al. An online data-driven model identification and adaptive state of charge estimation approach for lithium-ion-batteries using the lagrange multiplier method[J]. Energies, 2018, 11(11):2940-2959.

[25] Feng J, He Y L, Wang G F. Comparison study of equivalent circuit model of li-ion battery for electrical vehicles[J]. Research Journal of Applied Sciences, Engineering and Technology, 2013, 6(20):3756-3759.

[26] Martin M, Tomáš K, Kamil J, et al. Equivalent circuit modelling of Li-S batteries[J]. Electrochemical Society Transactions, 2021, 105(1):609-616.

[27] 王少华. 电动汽车动力锂电池模型参数辨识和状态估计方法研究[D]. 长春:吉林大学, 2021.

[28] Meng J H, Luo G Z, Ricco M, et al. Overview of lithium-ion battery modeling methods for state-of-charge estimation in electrical vehicles[J]. Applied Sciences, 2018, 8(5):659-676.

[29] Fan J X, He H W, Xiong R. Evaluation of lithium-ion battery equivalent circuit models for state of charge estimation by an experimental approach[J]. Energies, 2011, 4(4):

582-598.

[30] Johnson V H. Battery performance models in ADVISOR[J]. Journal of Power Sources, 2002, 110(2):321-329.

[31] Wang J F, Jia Y K, Yang N, et al. Precise equivalent circuit model for Li-ion battery by experimental improvement and parameter optimization[J]. Journal of Energy Storage, 2022, 52(PC):980-995.

[32] Diego S, Marcelo G. Estimation and comparison of SOC in batteries used in electromobility using the thevenin model and coulomb Ampere counting[J]. Energies, 2022, 15(19).

[33] Hu X S, Li S B, Peng H E. A comparative study of equivalent circuit models for Li-ion batteries[J]. Journal of Power Sources, 2011, 198:359-367.

[34] Liu C Z, Liu W Q, Wang L Y, et al. A new method of modeling and state of charge estimation of the battery[J]. Journal of Power Sources, 2016, 320:1-12.

[35] Wan L. Improvement and simulation test of PNGV equivalent circuit model[J]. AIP Conference Proceedings, 2019, 2066(1).

[36] Wang B, Zhou W, Shi H Q, et al. The model of PNGV of high-power lithium-ion battery and test validation[J]. Applied Mechanics and Materials, 2014, 3207:556-562.

[37] Li P, Chen H A. An estimation algorithm of extended kalman filter based on improved Thevenin model for the management of lithium battery system[J]. IOP Conference Series:Earth and Environmental Science, 2019, 310(3):32-48.

[38] Tsang K M, Sun L, Chan W L. Identification and modelling of Lithiumion battery[J]. Energy Conversion and Management, 2010, 51(12):2857-2862.

[39] Ding X F, Zhang D H, Cheng J W, et al. An improved Thevenin model of lithium-ion battery with high accuracy for electric vehicles[J]. Applied Energy, 2019, 254B(15).

[40] Xu Z, Gao S B, Yang S F. LiFePO$_4$ battery state of charge estimation based on the improved Thevenin equivalent circuit model and Kalman filtering[J]. Journal of Renewable and Sustainable Energy, 2016, 8(2).

[41] Huangfu Y, Xu J, Zhao D D, et al. A novel battery state of charge estimation method based on a super-twisting sliding mode observer[J]. Energies, 2018, 11(5):1211.

[42] Ji Y J, Qiu S l, Li G. Simulation of second-order RC equivalent circuit model of lithium battery based on variable resistance and capacitance[J]. Journal of Central South University, 2020, 27(9):2606-2613.

[43] US Department of Energy. PNGV battery test manual, revision 3[M]. Washington, USA:US Department of Energy, 2001.

[44] 杨阳,汤桃峰,秦大同,等.电动汽车锂电池PNGV等效电路模型与SOC估算方法[J].系统仿真学报,2012,24(04):938-942.

[45] 张宾,郭连兑,李宏义,等.电动汽车用磷酸铁锂离子电池的PNGV模型分析[J].电源技术,2009,33(05):417-421.

[46] Huang Z J, Fang Y S, Xu J J. SOC estimation of li-ion battery based on improved EKF algorithm[J]. International Journal of Automotive Technology, 2021, 22(2):335-340.

[47] Yan X W, Guo Y W, Cui Y, et al. Electric vehicle battery SOC estimation based on GNL model adaptive kalman filter[J]. Journal of Physics: Conference Series, 2018, 1087(5).

[48] Feng J, He Y L, Bao R. The method research of parameter identification of li-ion battery base on least square method[J]. Advanced Materials Research, 2012, 1700:490-495.

[49] Feng F, Lu R G, Wei G, et al. Online estimation of model parameters and state of charge of LiFePO$_4$ Batteries using a novel open-circuit voltage at various ambient temperatures[J]. Energies, 2015, 8(4):2950-2976.

[50] Beelen H, Bergveld H J, Donkers M C F. Joint estimation of battery parameters and state of charge using an extended kalman filter:A single-parameter tuning approach[J]. IEEE Transactions on Control Systems Technology, 2020, PP(99):1-15.

[51] Liu Z, Qiu Y, Yang C S, et al. A parameter identification method for lithium-ion batteries using simplified impedance model and fractional order kalman filter[J]. Journal of Electrical Engineering & Technology, 2021(prepublish):1-12.

[52] Guo P, Wu X B, Lopes A M, et al. Parameter identification for lithium-ion battery based on hybrid genetic-fractional beetle swarm optimization method[J]. Mathematics, 2022, 10(17):3056-3056.

[53] Mesbahi T, Khenfri F, Rizoug N, et al. Dynamical modeling of Li-ion batteries for electric vehicle applications based on hybrid Particle Swarm-Nelder-Mead (PSO-NM) optimization algorithm[J]. Electric Power Systems Research, 2016, 131:195-204.

[54] Zhou S D, Liu X H, Hua Y, et al. Adaptive model parameter identification for lithium-ion batteries based on improved coupling hybrid adaptive particle swarm optimization-simulated annealing method[J]. Journal of Power Sources, 2021, 482.

[55] Ouyang T C, Xu P H, Chen J X, et al. Improved parameters identification and state of charge estimation for lithium-ion battery with real-time optimal forgetting factor[J]. Electrochimica Acta, 2020, 353(prepublish).

[56] Xia B Z, Huang R, Lao Z Z, et al. Online parameter identification of lithium-ion batteries using a novel multiple forgetting factor recursive least square algorithm[J]. Energies, 2018, 11(11).

[57] Duong V H, Bastawrous H A, Lim K C, et al. Online state of charge and model parameters estimation of the LiFePO4 battery in electric vehicles using multiple adaptive forgetting factors recursive least-squares[J]. Journal of Power Sources, 2015, 296(20):215-224.

[58] Dai H F, Xu T J, Zhu L T, et al. Adaptive model parameter identification for large capacity Li-ion batteries on separated time scales[J]. Applied Energy, 2016, 184:119-131.

[59] Tan X J, Zhan D, Lyu P X, et al. Online state-of-health estimation of lithium-ion battery based on dynamic parameter identification at multi timescale and support vector regression[J]. Journal of Power Sources, 2021, 484:229-233.

[60] Habiballah R E, Baronti F, Chow M Y. Online adaptive parameter identification and state-of-charge coestimation for lithium-polymer battery cells[J]. IEEE Trans. Industrial Electronics, 2014, 61(4):2053-2061.

[61] Chen X P, Shen W X, Dai M X, et al. Robust adaptive sliding-mode observer using RBF neural network for lithium-ion battery state of charge estimation in electric vehicles[J]. IEEE Transactions on Vehicular Technology, 2016, 65(4):1936-1947.

[62] Hu J N, Hu J J, Lin H B, et al. State-of-charge estimation for battery management system using optimized support vector machine for regression[J]. Journal of Power Sources, 2014, 269:682-693.

[63] Barillas J K, Li J H, Günther C, et al. A comparative study and validation of state estimation algorithms for Li-ion batteries in battery management systems[J]. Applied Energy,2015,155:455-462.

[64] Sheikhan M, Pardis R, Gharavian D. State of charge neural computational models for high energy density batteries in electric vehicles[J]. Neural Computing and Applications,2013,22(6):455-462.

[65] Zhang M Y, Fan X B. Review on the state of charge estimation methods for electric vehicle battery[J]. World Electric Vehicle Journal,2020,11(1):23.

[66] Ali M U, Zafar A, Nengroo S H,et al. Towards a smarter battery management system for electric vehicle applications:A critical review of lithium-ion battery state of charge estimation[J]. Energies, 2019, 12(3).

[67] Weng C H, Sun J, Peng H E. A unified open-circuit-voltage model of lithium-ion batteries for state-of-charge estimation and state-of-health monitoring[J]. Journal of Power Sources, 2014, 258:228-237.

[68] He H W, Zhang X W, Xiong R, et al. Online model-based estimation of state-of-charge and open-circuit voltage of lithium-ion batteries in electric vehicles[J]. Energy, 2012,39(1):310-318.

[69] Lin C, Yu Q Q, Xiong R, et al. A study on the impact of open circuit voltage tests on state of charge estimation for lithium-ion batteries[J]. Applied Energy, 2017, 205:892-902.

[70] 李哲,卢兰光,欧阳明高.提高安时积分法估算电池 SOC 精度的方法比较[J].清华大学学报(自然科学版), 2010, 50(08):1293-1296,1301.

[71] 杨文荣,朱赛飞,陈阳,等.基于改进安时积分法估计锂离子电池组 SOC[J].电源技术,2018,42(02):183-184,246.

[72] Zhang M Y, Fan X B. Design of battery management system based on improved ampere-hour integration method[J]. International Journal of Electric and Hybrid Vehicles, 2022, 14(1-2):1-29.

[73] Aaruththiran M, Begam K M, Rau A V,et al. Artificial neural networks, gradient boosting and support vector machines for electric vehicle battery state estimation:A review[J]. Journal of Energy Storage, 2022,55(PA):1408-1436.

[74] Xiong R, Cao J Y, Yu Q Q, et al. Critical review on the battery state of charge

estimation methods for electric vehicles[J]. IEEE Access, 2018, 6:1832-1843.

[75] Xia B Z, Cui D Y, Sun Z, et al. State of charge estimation of lithium-ion batteries using optimized Levenberg-Marquardt wavelet neural network[J]. Energy, 2018, 153(15):694-705.

[76] Hossain L M S, Mahammad H A, Aini H, et al. State of charge estimation for lithium-ion battery using recurrent NARX neural network model based lighting search algorithm[J]. IEEE Access, 2018, 6:28150-28161.

[77] Yang B, Wang Y S, Gao H. State-of-charge estimation of lithium-ion batteries based on PSO-BP neural network[J]. International Journal of Energy and Power Engineering, 2021, 10(6).

[78] Chen X P, Wang S L, Xie Y X, et al. A novel fireworks factor and improved elite strategy based on back propagation neural networks for state-of-charge estimation of lithium-ion batteries[J]. International Journal of Electrochemical Science, 2021, 16(9).

[79] Wang H L, Zhou G B. State of charge prediction of supercapacitors via combination of Kalman filtering and backpropagation neural network[J]. IET Electric Power Applications, 2018, 12(4):588-594.

[80] Liu X J, Dai Y W. Energy storage battery SOC estimate based on improved BP neural network[J]. Journal of Physics:Conference Series, 2022, 2187(1):012-042.

[81] Song Q Q, Wang S L, Xu W H, et al. A Novel joint support vector machine -cubature kalman filtering method for adaptive state of charge prediction of lithium-ion batteries[J]. International Journal of Electrochemical Science, 2021, 16(8):08-23.

[82] Tian J P, Xiong R, Shen W X, et al. Flexible battery state of health and state of charge estimation using partial charging data and deep learning[J]. Energy Storage Materials, 2022, 51:372-381.

[83] 何耀. 动力锂电池组状态估计策略及管理系统技术研究[D]. 合肥:中国科学技术大学, 2012.

[84] Amifia L K. Model parameter identification of state of charge based on three battery modelling using kalman filter[J]. Engineering Letters, 2022, 30(3).

[85] Zhao L H, Liu Z Y, Ji G H. Lithium-ion battery state of charge estimation with model parameters adaptation using H ∞ extended Kalman filter[J]. Control Engineering Practice, 2018, 81:114-128.

[86] Gao J P, Zhang Y Z, He H W. A real-time joint estimator for model parameters and state of charge of lithium-ion batteries in electric vehicles[J]. Energies, 2015, 8(8):8594-8612.

[87] Li Z, Zhang P, Wang Z F, et al. State of charge estimation for Li-ion battery based on extended kalman filter[J]. Energy Procedia, 2017, 105:3515-3520.

[88] Yu X W, Wei J W, Dong G Z, et al. State-of-charge estimation approach of lithium-ion batteries using an improved extended Kalman filter[J]. Energy Procedia, 2019, 158:5097-5102.

[89] Wang T P, Chen S Z, Ren H B, et al. Model-based unscented Kalman filter observer design for lithium-ion battery state of charge estimation[J]. International Journal of Energy Research, 2018, 42(4):1603-1614.

[90] Cui X Y, Zhu J, Luo M J, et al. A new method for state of charge estimation of lithium-ion batteries using square root cubature kalman filter[J]. Energies, 2018, 11(1):02-09.

[91] Chen L P, Xu L J, Wang R Y. State of charge estimation for lithium-ion battery by using dual square root cubature kalman filter[J]. Mathematical Problems in Engineering, 2017, 2017:1-10.

[92] Di L, Jian O Y, Li H Q, et al. State of charge estimation for $LiMn_2O_4$ power battery based on strong tracking sigma point Kalman filter[J]. Journal of Power Sources, 2015, 279:439-449.

[93] Farhaj K H, Aamir H, Umair A M, et al. A Lagrange multiplier and sigma point Kalman filter based fused methodology for online state of charge estimation of lithium-ion batteries[J]. Journal of Energy Storage, 2021, 41.

[94] 王法胜, 鲁明羽, 赵清杰, 等. 粒子滤波算法[J]. 计算机学报, 2014, 37(08):1679-1694.

[95] Liu X T, Chen Z H, Zhang C B, et al. A novel temperature-compensated model for power Li-ion batteries with dual-particle-filter state of charge estimation[J]. Applied Energy, 2014, 123:263-272.

[96] Tulsyan A, Tsai Y, Gopaluni R B, et al. State-of-charge estimation in lithium-ion batteries:A particle filter approach[J]. Journal of Power Sources, 2016, 331:208-223.

[97] He Y, Liu X T, Zhang C B, et al. A new model for State-of-Charge (SOC) estimation for high-power Li-ion batteries[J]. Applied Energy, 2013, 101(Jan):808-814.

[98] Burgos-Mellado C, Orchard M E, Kazerani M, et al. Particle-filtering-based estimation of maximum available power state in Lithium-Ion batteries[J]. Applied Energy, 2016, 161:349-363.

[99] Du Q, Han Q, Zhang Y M, et al. Adopting combined strategies to make state of charge (SOC) estimation for practical use[J]. Journal of Renewable and Sustainable Energy, 2018, 10(3).

[100] Xia B Z, Sun Z, Zhang R F, et al. A cubature particle filter algorithm to estimate the state of the charge of lithium-ion batteries based on a second-order equivalent circuit model[J]. Energies, 2017, 10(4):457-471

[101] Li B, Peng K, Li G D. State-of-charge estimation for lithium-ion battery using the Gauss-Hermite particle filter technique[J]. Journal of Renewable and Sustainable Energy, 2018, 10(1):20-28.

[102] Ye M, Guo H, Xiong R, et al. A double-scale and adaptive particle filter-based online parameter and state of charge estimation method for lithium-ion batteries[J]. Energy, 2018, 144:789-799.

[103] 毕军, 张栋, 常海涛, 等. 人工免疫粒子滤波算法估计电动汽车电池SOC[J]. 交通运输

系统工程与信息，2015，15(05)：103-108.

[104] 王帅. 退役动力电池模组一致性分选与重组研究[D]. 北京：华北电力大学，2021.

[105] 郑岳久. 车用锂离子动力电池组的一致性研究[D]. 北京：清华大学，2014.

[106] 冯建君，郭际，王兴贺，等. 锂-二氧化锰单体电池筛选方法的研究[J]. 电源技术，2014，38(07)：1249-1250，1275.

[107] 李扬，王军. 退役锂离子电池筛选分类方法设计与分析[J]. 电池，2020，50(04)：403-407.

[108] Wang S, Yin Z D, Lu X L, et al. Research on the influence of battery cell static parameters on the capacity of different topology battery packs[J]. Energies, 2021, 14(6):1610-1610.

[109] Li R, Yao J, Zhou Y Q. Study on sorting method of zinc silver battery based on multi-step FCM clustering algorithm[J]. IEICE Electronics Express, 2019, 16(7).

[110] He Z Y, Wu X J, Li X, et al. The LiFePO$_4$ battery sorting method based on temperature analysis[J]. E3S Web of Conferences, 2021, 236.

[111] Garg A, Liu Y, Gao L, et al. Development of recycling strategy for large stacked systems: experimental and machine learning approach to form reuse battery packs for secondary applications[J]. Journal of Cleaner Production, 2020, 275 (prepublish): 124-152.

[112] He F X, Shen W X, Song Q, et al. Self-organising map based classification of LiFePO$_4$ cells for battery pack in EVs[J]. Int. J. of Vehicle Design, 2015, 69(1/2/3/4):151-167.

[113] Cui X J, Garg A, Thao N T, et al. Machine learning approach for solving inconsistency problems of Li-ion batteries during the manufacturing stage [J]. International Journal of Energy Research, 2020, 44(11):9194-9204.

[114] Xia B Z, Yang Y D, Zhou J, et al. Using self organizing maps to achieve lithium-ion battery cells multi-parameter sorting based on principle components analysis[J]. Energies, 2019, 12(15):29-80.

[115] Jiang T, Sun J L, Wang T R, et al. Sorting and grouping optimization method for second-use batteries considering aging mechanism[J]. Journal of Energy Storage, 2021, 44(PA):32-64.

[116] 单毅. 锂离子电池一致性研究[D]. 上海：中国科学院上海微系统与信息技术研究所，2008.

[117] 王帅，尹忠东，郑重，等. 基于电压曲线的退役电池模组分选方法[J]. 中国电机工程学报，2020，40(08)：2691-2705.

[118] 韩伟，张卫平，王亮，等. 汽车矩阵式动力电池配组的新技术：按伏安特性曲线分选电池的方法[J]. 电源技术，2014，38(12)：2225-2227.

[119] Chen K L, Zheng F D, Jiang J C, et al. Practical failure recognition model of lithium-ion batteries based on partial charging process[J]. Energy, 2017, 138:1199-1208.

[120] He X M. A facile consistency screening approach to select cells with better performance consistency for commercial 18650 lithium ion cells[J]. International

Journal of Electrochemical Science, 2017:239-258.

[121] Kim J, Shin J, Chun C, et al. Stable configuration of a Li-ion series battery pack based on a screening process for improved voltage/SOC balancing[J]. IEEE Transactions on Power Electronics, 2012, 27(1):411-424.

[122] Liu C B, Tan J, Wang X L. A data-driven decision-making optimization approach for inconsistent lithium-ion cell screening[J]. Journal of Intelligent Manufacturing, 2020, 31(4):833-845.

[123] 李然,武俊峰,王海英,等.基于多点频谱法的电池一致性分类研究[J].电源技术, 2010, 34(10):998-1001.

[124] 骆凡,黄海宏,王海欣.基于短时脉冲放电与电化学阻抗谱的退役动力电池快速分选与重组方法[J].仪器仪表学报, 2022, 43(01):229-238.

[125] 孙卫华,徐梁飞,胡尊严,等.质子交换膜燃料电池单片间一致性的阻抗特性(英文)[J].汽车安全与节能学报, 2019, 10(04):483-491.

[126] 赵旭,陈少华,王小荣,等.基于交流阻抗法的退役磷酸铁锂动力电池分选成组技术研究[J].能源工程, 2022, 42(03):35-38,44.

[127] 张剑波,黄俊,陈璐凡,等.锂离子电池低温放电性能及电池间一致性(英文)[J].汽车安全与节能学报, 2014,5(04):391-400.

[128] 张彩萍,姜久春,张维戈,等.梯次利用锂离子电池电化学阻抗模型及特性参数分析[J].电力系统自动化, 2013, 37(01):54-58.

[129] Jiang J, Zhang Y, Shi W, et al. An analysis of optimized series and parallel method for traction lithium-ion batteries[J]. 2014 International Conference on Intelligent Green Building and Smart Grid (IGBSG), Taipei, Taiwan, 2014:1-7.

[130] Aurbach D, Markovsky B, Rodkin A, et al. An analysis of rechargeable lithium-ion batteries after prolonged cycling[J]. Electrochimica Acta, 2002, 47(12):1899-1911.

[131] Pinson M B, Bazant M Z. Theory of SEI formation in rechargeable batteries:capacity fade, accelerated aging and lifetime prediction[J]. Journal of the Electrochemical Society, 2013, 160(2):A243-A250.

[132] Bloom I, Walker L K, Basco J K, et al. Differential voltage analyses of high-power lithium-ion cells. 4. Cells containing NMC[J]. Journal of Power Sources, 2009, 195(3):877-882.

[133] Ci S, Lin N, Wu D L. Reconfigurable battery techniques and systems:A survey[J]. IEEE Access,2016,4:1175-1189.

[134] 韩元昭.不同拓扑下锂电池不一致性对输出特性影响的研究[D].北京:华北电力大学, 2018.

[135] Ye M, Song X, Xiong R, et al. A novel dynamic performance analysis and evaluation model of series-parallel connected battery pack for electric vehicles[J]. IEEE Access, 2019, 7:14256-14265.

[136] Ci S, Zhang J, Sharif H, et al. A novel design of adaptive reconfigurable multicell battery for power-aware embedded networked sensing systems[C]// IEEE Global Telecommunications Conference. IEEE, 2007:1043-1047.

[137] Kim T, Qiao W, Qu L. Series-connected self-reconfigurable multicell battery[C]// 2011 Twenty-Sixth Annual IEEE Applied Power Electronics Conference and Exposition (APEC). IEEE, 2011:1382-1387.

[138] Kim T. Power electronics-enabled self-X multicell batteries: A design toward smart batteries[J]. IEEE Transactions on Power Electronics, 2012, 27(11):4723-4733.

[139] Kim T, Qiao W, Qu L. A multicell battery system design for electric and plug-in hybrid electric vehicles[C]// Electric Vehicle Conference. IEEE, 2012.

[140] 崔强, 王庆军, 童亦斌, 等. 基于半桥级联的电池柔性成组储能系统及控制策略[J]. 电工技术学报, 2019, 34(05):954-962.

[141] 宋峻竑, 张维戈, 梁晖, 等. 电池柔性成组储能系统故障冗余控制策略[J]. 中国电机工程学报, 2019, 39(07):1956-1968.

[142] 李战鹰, 胡玉峰, 吴俊阳. 大容量电池储能系统PCS拓扑结构研究[J]. 南方电网技术, 2010, 4(05):39-42.

[143] Zhang Q, Gao F, Zhang L, et al. Multiple time scale optimal operation of MMC battery energy storage system[C]// IEEE Energy Conversion Congress and Exposition (ECCE). IEEE, 2015.

[144] Gu X, Gao F, Aamir F, et al. Redistributed pulse width modulation of MMC battery energy storage system under submodule fault condition[C]// 2017 IEEE Energy Conversion Congress and Exposition (ECCE). IEEE, 2017:4171-4176.

[145] 付望. 锂离子电池主动均衡策略的研究与实现[D]. 淮南:安徽理工大学, 2021.

[146] 汤恩恩. 纯电动汽车电池管理技术的研究[D]. 武汉:武汉理工大学, 2014.

[147] Turksoy A, Teke A, Alkaya A. A comprehensive overview of the dc-dc converter-based battery charge balancing methods in electric vehicles[J]. Renewable and Sustainable Energy Reviews, 2020, 133.

[148] Ma Y, Duan P, Sun Y H, et al. Equalization of lithium-ion battery pack based on fuzzy logic control in electric vehicle[J]. IEEE Transactions on Industrial Electronics, 2018, 65(8):6762-6771.

[149] Wu T Z, Chen L L, Xu Y H, et al. Balancing method of retired battery pack based on variable domain fuzzy control[J]. Journal of Electrochemical Energy Conversion and Storage, 2022:1-41.

[150] Zheng Y J, Ouyang M G, Lu L G, et al. On-line equalization for lithium-ion battery packs based on charging cell voltages: Part 2. Fuzzy logic equalization[J]. Journal of Power Sources, 2014, 247:460-466.